AF239187

Friedrich Seebass

Friedrich Hölderlin - Eine Bibliographie

DOGMA

Friedrich Seebass

Friedrich Hölderlin - Eine Bibliographie

ISBN/EAN: 9783955077976

Auflage: 1

Erscheinungsjahr: 2013

Erscheinungsort: Bremen, Deutschland

© DOGMA in Europäischer Hochschulverlag GmbH & Co KG, Fahrenheitstr. 1, 28359 Bremen
(www.dogma.de). Alle Rechte beim Verlag und bei den jeweiligen Lizenzgebern.

HÖLDERLIN-
BIBLIOGRAPHIE

von

Dr. Friedrich Seebaß

1 9 2 2

HORST STOBBE VERLAG ⁄ MÜNCHEN

INHALT

VORBEMERKUNG

Die Anregung zu dem vorliegenden Versuch einer Hölderlinbibliographie geht über zehn Jahre auf Norbert von Hellingrath zurück, der bei seinen eindringenden, dann bahnbrechend gewordenen Arbeiten eine brauchbare Übersicht über die gesamte Hölderlinliteratur vermißte. In der Tat kann ein Blick auf die bislang zuverlässigsten bibliographischen Angaben in Gödekes Grundris V², die sich auf anderthalb Seiten zusammendrängen, einem jeden zeigen, wie dringend notwendig bei der von Jahr zu Jahr wachsenden Teilnahme weiterer Kreise und der Wissenschaft an Hölderlins Erscheinung und Werk die Ergänzung und Zusammenfassung aller derartigen Aufstellungen ist.*) In jahrelanger Beschäftigung mit dem Dichter sammelte ich den Stoff zu einer abschließenden Arbeit über Hölderlin im Urteil der Zeitgenossen und der Nachwelt: nicht nur vom kulturpsychologischen Standpunkt aus, sondern auch rein literarhistorisch betrachtet erschien mir der Gedanke, eine Charakteristik des Dichters aus den Zeugnissen seiner eigenen und der nachfolgenden Zeit aufzustellen, als ein recht fruchtbarer. Denn wie ein so einzigartiger Dichter in seinen Werken sich darstellt, d. h. wie Vergangenheit und Gegenwart auf ihn wirken, und was hinwiederum seine eigene Originalität ausmacht, das zu erforschen ist für die literargeschichtliche Betrachtung nur die eine Hälfte ihrer Aufgabe; die andere hat die Wirkung auf Um- und Nachwelt zu untersuchen. Bei den jetzigen Zeiten ist das Erscheinen jener Untersuchung vorerst ausgeschlossen, dafür mag man ihre Ergebenisse aus den folgenden kahlen Nachweisen ablesen. Zugleich soll diese Bibliographie nicht nur als unentbehrliches Nachschlagewerk für den Forscher, sondern als erste Einführung in das Studium des Dichters dienen und wird hoffentlich manchen neuen Hölderlinfreunden Mühe und Umwege ersparen, indem sie auf das Wesentliche aufmerksam macht.**) Durch die im Druck gegebene Hervorhebung des Wertvollen in dem weitaus überwiegenden öden und wertlosen Wuste der Schreibereien und durch kurze kritische Bemerkungen wurde ein persönliches Element in diese trockenste aller wissenschaftlichen Formen gebracht und so ein Beitrag zur Erkenntnis

---

*) Die Aufzählung am Schluß der Lange'schen Pathographie trägt keinen wissenschaftlichen Charakter; weit genauer und vollständiger sind Viëtors Angaben in seinem Buch: Die Lyrik Hölderlin 1921, das mir erst nach Abschluß des Manuskriptes zu Händen kam.

**) Sperrdruck der Verfassernamen bedeutet den Wert ihrer Beiträge; die Autoren, die in Versalien gesetzt sind, haben entscheidend auf Forschung und Auffassung gewirkt.

von Hölderlins Schicksal bei seinem Volk mitten in Aufzählungen von Büchern und Aufsatztiteln gegeben.

Bemerkenswert ist, daß bis auf spärliche Ausnahmen die Veröffentlichung von Hölderlins Werken zu seinen Lebzeiten von der zeitgenössischen Kritik selten Beachtung fand; nahm doch die Öffentlichkeit kaum Notiz vom Erscheinen der ersten Gedichtsammlung 1826 und selbst der großen Schwabschen Ausgabe 1846; auf der anderen Seite der relative Wert der meisten Aufsätze, die vor dem Jahre 1870 erschienen: von so irrigen Voraussetzungen auch ihre Verfasser infolge mangelnder Kenntnis von des Dichters Schaffen ausgingen, dennoch spiegeln sie die geistig regsame, ernst mit Problemen ringende damalige Zeit wieder und kaum bis auf unsere Tage wurde die Leistung eines Alexander Jung wieder überboten. Erst in den letzten Jahren wurde auf Grund des langsamen Bekanntwerdens von Hölderlins Gesamtwerk die so unendlich anschwellende Literatur inhaltlich etwas bedeutsamer.

Vollständigkeit wurde angestrebt, jedoch konnten nicht alle Schwierigkeiten überwunden werden, zumal bei der Beschaffung der älteren Zeitschriftenliteratur, der meine besondere Sorgfalt gewidmet war; gerade hier sind die schönsten Funde zu verzeichnen. Sollte aus der Fülle neuer und neuester Zeitschriften und Zeitungen der eine oder andere Aufsatz vermißt werden, so möge man berücksichtigen, daß der Herausgeber vom ersten Kriegstag eingezogen und infolge Verwundung gezwungen war, 1920/21 zur Erholung im Ausland zu leben; etwas irgendwie Förderliches an neuester Literatur aber wird — so steht zu hoffen — nicht fehlen.

Zur Einteilung, wie sie hier gegeben wird, entschloß ich mich nach langem Überlegen und glaubte damit allen Bedürfnissen gerecht zu werden; gewisse Wiederholungen mußten dabei der Brauchbarkeit und Übersichtlichkeit halber in Kauf genommen werden. Grundsätzlich ward in allen Abteilungen die chronologische Anordnung gewählt, um ein klares Bild der öffentlichen Teilnahme an Hölderlin in ihrer Entwicklung zu geben. Das gilt besonders für den Abschnitt II, auf dem der Schwerpunkt des ganzen Werkes liegt; hierein wurden auch gewisse bezeichnende kurze Äußerungen aus allgemeinen Schriften und Literaturgeschichten aufgenommen, manches hingegen fortgelassen, wie z. B. Briefwechsel, die viel später an die Öffentlichkeit traten.

Möchte das Büchlein, das handschriftlich schon manchem Hölderlinforscher nützlich war, als bescheidenes Mittel zur Vertiefung der Kenntnis von Hölderlins Werk dienen.

Friedrich Seebaß.

I.

Die Drucke der Werke und Briefe

a.

AUSGABEN
UND EINZELDRUCKE IN ABGESCHLOSSENER FORM

HYPERION   1797/1799

o d e r

der Eremit in Griechenland

v o n

F r i e d r i c h   H ö l d e r l i n.

E r s t e r   B a n d.

T ü b i n g e n 1 7 9 7.
in der J. G. C o t t a'schen Buchhandlung.

Kl.-8°. 2 Bände. I: 160 S. II: 124 S. Antiqua. — Bd. I S. 1 Titel,
S. 2 Motto, S. 3/4 Vorrede, S. 5/6 Zwischentitel „Erstes Buch", S. 81/82
Zwischentitel „Zweites Buch". (S. 159/160 kompreß gesetzt.) — Bd. II
S. 1 Titel, S. 2 Motto, kein Zwischentitel für das erste Buch, S. 57/58
Zwischentitel „Zweites Buch".

Besprechungen: I. Neue allgemeine deutsche Bibliothek 1798, Bd. 40, S. 24
(Eg). II. Bd. daselbst 1801, Bd. 62, S. 349 (Eg) [Manso]. I. Bd. Ober-
deutsche allgem. Literaturzeitung 1799, Bd. II, Sp. 808 (Zl). Tübinger
Gelehrte Anzeigen 1801, S. 25 [Conz?].

A n m e r k u n g : Wenn nichts anderes bemerkt wird, ist als Format
Oktav anzunehmen.

DIE TRAUERSPIELE
DES
S O P H O K L E S.

ÜBERSETZT VON

F R I E D R I C H   H Ö L D E R L I N.

ERSTER BAND.

FRANKFURT AM MAIN, 1804
BEI FRIEDRICH WILMANS.

8⁰. 2 Bände. I: 2 Bl., 108 S. II: 103 S., 1 un. S. — Bd. I, Bl. 1 Titel,
Bl. 2 Widmung „Der Prinzessin Auguste von Homburg“. S. 1 Zwischentitel OEDIPUS, DER TYRANN. S. 2 Personenverzeichnis, S. 3
bis 96 der Text. S. 97/98 Zwischentitel „Anmerkungen zum Oedipus“.
S. 99 bis 108 die Anmerkungen. — Bd. II S. 1/2 Titel, S. 3 Zwischentitel ANTIGONAE, S. 4 Personenverzeichnis, S. 5 bis 88 der Text,
S. 89/90 Zwischentitel „Anmerkungen zur Antigonä“, S. 91 bis 103
die Anmerkungen. Am Ende „Frankfurt am Main, gedruckt bey Johann
Peter Bayrhoffer“. 1 S. „Verbesserungen“.

Besprechungen: Der Freimüthige oder Scherz und Ernst, hgb. von Kotze-
bue, Berlin 1805, I., S. 9 f. Neue deutsche allgemeine Bibliothek 1804,
Bd. 93, S. 244 ff. (Sb). Bibliothek der redenden und bildenden Künste,
1806, Bd. I, S. 150. Jenaer Allgem. Literatur-Zeitung 1804, Nr. 255 [H. Voß].

Hyperion
oder
der Eremit in Griechenland
von
Friderich Hölderlin.

Erster Band.
Zweyte Auflage.

Stuttgart und Tübingen
in der J. G. Cotta'schen Buchhandlung.
1822.

Kl.-8⁰. 2 Bände. I: 160 S. II: 124 S. Fraktur. — Bd. I S. 1 Titel,
S. 2 Motto, S. 3/4 Vorrede, S. 5/6 Zwischentitel „Erstes Buch“, S. 81/82
Zwischentitel „Zweites Buch“. — Bd. II S. 1 Titel, S. 2 Motto, kein
Zwischentitel für das erste Buch, S. 57/58 Zwischentitel „Zweites Buch“.

Besprechungen: Hecate, ein literarisches Wochenblatt, Leipzig 1823,
Nr. 40, S. 313. Literarisches Konversationsblatt 1824, 7. Januar, S. 21
[Schwab].

Ǥ e d i ḍ t e

v o n

F r i e d r i ḍ   Ḥ o e l d e r l i n.

1826

Und wie du das Herz
Der Pflanzen erfreueſt,
Wenn ſie entgegen dir
Die zarten Arme ſtrecken,
So haſt du mein Herz erfreut,
Vater Helios, und wie Endymion,
War ich dein Liebling,
Heilige Luna!   F r a g m e n t.

S t u t t g a r t   u n d   T ü b i n g e n
i n   d e r   J. Ǥ.   C o t t a ' ſ ḍ e n   B u ḍ h a n d l u n g.
1 8 2 6.

8°. 2 Bl., 226 S., 1 Bl. — Bl. 1 Titel, Bl. 2 Inhalt, S. 1 bis 197 die
69 Gedichte, S. 198 bis 226: Der Tod des Empedokles.   Fragmente
eines Trauerspiels. 1 Bl. Verbesserungen.

Die Sammlung wurde herausgegeben von Ludwig U h l a n d und Gustav
S c h w a b.   Gedichte sind hier teils zum erstenmal gedruckt, teils aus
früheren Drucken in Taschenbüchern u. ä. wiederholt.
Besprechungen: Morgenblatt, Stuttgart, 23. II. 1827, Nr. 16.   Literaturblatt.
Blätter für literarische Unterhaltung, 1. und 2. II. 1827, Nr. 26/27. [G.
Schwab, wiederabgedruckt bei K. Klüpfel: G. Schwabs Kleine prosa-
ische Schriften 1882, S. 126 ff.]   Allgemeine Literatur-Zeitung, Halle 1827,
Nr. 42, Sp. 335 ff., vgl. Friedrich Seebaß.   Zur Entstehungsgeschichte der
ersten Sammlung von Hölderlins Gedichten.   23. Rechenschaftsbericht
des Schwäbischen Schiller-Vereins, Marbach 1919, S. 13 ff. und Carl
Viëtor: Zu den ersten Hölderlin-Ausgaben. Deutsche Rundschau, Mai 1922.

Gedichte von Friedrich Hölderlin.   Zweite Auflage.   ib. 1843.
S. V.—XX.

1843

Lebensumstände des Dichters.   Aus den Mittheilungen seines Bruders und
seiner Freunde.   Stuttgart im Okt. 1842.   G. S[chwab].   Chr. S[chwab].
Mit einem Kupferstich mit Bild Hölderlins aus letzten Lebensjahren.
Taschenausgabe in klein 8°.

SCHWAB, CHRISTOPH TH.: Friedrich Hölderlins sämtliche Werke.
Herausgegeben von —.   Stuttgart und Tübingen 1846.   2 Bde.   Bd. I:
Gedichte Hyperion. Bd. II: Nachlaß [Empedokles und Fragment von
Hyperion], Briefe, Biographie. Gedichte aus der Zeit des Irrsinns.

1846

In wenigen Exemplaren zunächst ohne Namen des Herausgebers erschienen.
Besprechungen: Neue Jenaische allgemeine Literatur-Zeitung VI. Bd.,
20./21. Juli 1847, Nr. 172/3 (Teuffel).   Leipziger Revue hrgb. von Marbach 1847, Nr. 7, S. 28 [-d-].   Blätter für litterarische Unterhaltung 1./2. März

1847, Nr. 60/61 [Helbig]. Deutsche Vierteljahrsschrift 1847, II. Bd., S. 328 (J. M.) Morgenblatt, Stuttgart, 22./27. April 1847, S. 113 und 119 (W. Menzel). Literarische Zeitung, Berlin 1847, S. 377. 409 (J.M.).

1847 Gedichte von Friedrich Hölderlin. Dritte Auflage. ib. 1847.

Hinzugekommen sind aus der Schwabschen Ausgabe die Gedichte: An die Natur. An Landauer. Gesang des Deutschen. Am Abend. Abschiedsworte an Diotima. Nachruf. Achill.

1852 [Bussenius, A. F.] Friedrich Hölderlin. Ausgewählte Werke. Moderne Klassiker-Ausgaben. Bd. 22. Cassel 1852.

Auf Chr. Schwab und A. Jung beruhend; gute Auswahl der Gedichte mit Einleitung und verbindendem Texte.

1874 Schwab, Chr[istoph]. Th[eodor].: Friedrich Hölderlins ausgewählte Werke. Herausgegeben von — — Stuttgart 1874.

„Cotta'sche Ausgaben" S. 3—97 Abdruck der teilweise geänderten Biographie des Verf. Vorangestellt wurden „Gedichte aus der Zeit des Irrsinns" (!), dann „Gedichte" in der Reihenfolge der 3. Auflage, dazu: Mein Eigenthum, am Schluß: Hyperion.

[Jäger, Gustav]: Gedichte von Friedrich Hölderlin. Leipzig o. J. Reclam. Nr. 510.

Mit Widmungsgedicht von dem Herausgeber.

1875 — Friedrich Hölderlin. Hyperion. Leipzig o. J. Reclam. Nr. 559/60.

S. 3 Gedicht von A. Seubert, S. 4 Sonett von L. Pfau.

1878 Gedichte von Friedrich Hölderlin. Vierte Auflage. Cotta 1878.

Hinzugekommen sind 15 Jugendgedichte und Hymne an Diotima 1797.

1884 Köstlin, K[arl].: Dichtungen von Friedrich Hölderlin. Mit biographischer Einleitung herausgegeben von — —, o. Professor der Ästhetik in Tübingen. Mit 2 Abbildungen [Photographien des Hiemerschen Bildes und des Hölderlin-Denkmals] Tübingen. Fues 1884.

S. I—LXII Biographische Einleitung und Übersicht. In 2 Abteilungen: I. Lyrik, 184 S.; II. Hyperion, 187 S., 8°. Es fehlt gänzlich Empedokles. Anläufe zu einer kritischen Ausgabe, „im wesentlichen jedoch Abdruck der Gesamtausgabe 1846 geblieben" [Wirth].

Besprechungen: Archiv für das Studium der neueren Sprachen, 75. Bd., 1886, S. 212. Literaturblatt für germ. und roman. Philologie, 1887, Nr. 3 (Muncker). Literarische Rundschau, 1885, XI., S. 185 (Hellinghaus). Deutsche Literatur-Zeitung, 1884, Nr. 49, S. 1791 f. [W. S c h [e r e r]., 1885, XV., S. 357 f. Anzeiger für das deutsche Altertum, 1885, XI., S. 201 ff. [M i n o r]. Literarisches Centralblatt, 1885, Nr. 21. Deutsches Literaturblatt 1884, Nr. 16. Deutsche Rundschau 1886, Bd. 47, S. 479. Deutsche Revue 1885, S. 375. Korrespondenzblatt für die gelehrten und Real-schulen Württembergs, 32. Bd., S. 580. Literarischer Merkur 1885, Nr. 15/16.

1890 LITZMANN, CARL C. T.: Friedrich Hölderlins Leben. In Briefen von und an Hölderlin. Bearbeitet und herausgegeben von —. Mit einem Bild der Diotima nach einem Relief von Ohmacht. Berlin 1890.

Mit einem „Vorwort" von B[erthold]. L[itzmann]. S. V—VIII, 684 S. Grundlegendes biographisches Werk mit originalgetreuer sorgfältiger Wiedergabe sämtlicher damals bekannter Briefe und verbindendem Text. Besprechungen: Anzeiger für das deutsche Altertum, XVII, 1891, S. 314,

W a l z e l. Literarisches Centralblatt 1891, Nr. 12, S. 385. C[reizenach].
Jahresberichte für neuere deutsche Literaturgeschichte, I. 1890, S. 155.
W a l z e l. Deutsche Literatur-Zeitung, XII, Sp. 1858 f. A. Sauer. Ham-
burger Correspondent, Beilage Nr. 33, 1890. Grenzboten, 50. Jahrg. 1891,
I. S. 238 f. (Stern). Nation 1890, Beilage VIII, S. 248 f., S. 265 ff. (Servaes).
Historische Zeitschrift, Bd. 68, 1892, S. 339 (A. K ö s t e r). Weser Zeitung
1890, Nr. 16141 (Breuning). Vossische Zeitung 1891, Nr. 16, Sonntags-
beilage 19. April (W. Paetow). Nationalzeitung, 9. 15. 18. August 1890
(K. Frenzel). Allgemeine Zeitung, München, Beilage 1890, Nr. 274/5,
3./4. Okt. (H. F i s c h e r). Leipziger Zeitung: Wissenschaftl. Beilage 1893,
S. 265 (Westenberger). Blätter f. literarische Unterhaltung 1891. Seite
305/308 (Lemmermayer). Hamburger Fremdenblatt 1890, Nr. 151 und 162.
Schlesische Zeitung 1899, Nr. 121/124 (H. Fechner). Magazin f. d. Literatur des In- und Auslandes 1891, Bd. 60, S. 5 ff. (Widmann). Preußische
Jahrbücher, Bd. 67, 1891, S. 226 (Otto H a r n a c k). Deutsche Dichtung
von Franzos, XI, 1892, S. 226 f. Revue Critique Paris 1892, Bd. 32 (A.
Chuquet), S. 461. Deutsche Rundschau 1892, Bd. 67, S. 314.

Mendheim Moritz: Friedrich Hölderlin. Lyriker und Epiker der klassi-   1893
schen Periode. Kürschners Deutsche National-Literatur, 1893, Bd. 135,
II. Abtlg., S. 387—459.

Biographie Auswahl aus den Gedichten.

Hölderlin, Hyperion. Meyers Volksbücher Nr. 471/2, Lpz., Bibl. Institut.

Friedrich Hölderlin: Gedichte. Meyers Volksbücher Nr. 190/1, Leipzig,
Bibliogr. Institut.

L i t z m a n n, B e r t h o l d : Hölderlins gesammelte Dichtungen. Neu
durchgesehene und vermehrte Ausgabe. Mit biographischer Einleitung
herausgegeben von —. Cotta, Stuttgart und Berlin. o. J. [1897]. Bibliothek der Weltliteratur Nr. 274 u. 276. Bd. I Biographische Einleitung, Gedichte. Bd. II Hyperion mit Empedokles, mit Vorstufen,
vier Fassungen.

Auf Vorarbeiten seines Vaters beruhend, unter Zurückgehen auf Hand-
schriften und Erstdrucke. Versuch einer chronologischen Anordnung.
Verdienstlich aber nicht sorgfältig genug und unvollständig. Es fehlt
Spätzeit und Irrsinns-Gedicht sowie Übersetzungen.
Besprechungen: Schwäbische Chronik, 10. April 1897, Nr. 84. Euphorion
IV, 1897, S. 671. Jahresberichte, VII, 1897, 4; 2:74 S a u e r. Literarisches
Centralblatt 1897, Nr. 39, Sz. 1265 [M.K.]. Österreichisches Literaturblatt,
VII, Nr. 21, S. 655 Sch[nürer].

Linke, Oskar: Gedichte von Friedrich Hölderlin. Herausgegeben und mit   1899
einer Vorbemerkung versehen. Hendels Bibliothek der Gesamtliteratur
Nr. 1290—1292. Halle o. J. [1899]. Vorbemerkung S. I—VIII, Texte
1—205.

Friedrich Hölderlin: Gedichte. Cotta'sche Handbibliothek Nr. 35 o. J.
[1902].

Sonderdruck des I. Litzmann'schen Bandes ohne Einleitung und Anmerkungen.

W. B ö h m u. P. E r n s t : Friedrich Hölderlin. Gesammelte Werke.   1905
1905. Jena. 1. Bd. Hyperion mit Einleitung und Auswahl seiner
Briefe. Herausgegeben von Wilhelm Böhm (2 Porträts, LXXII Seiten

Einl., 293 S.). 2. Bd. Gedichte. Herausgegeben von Paul Ernst (1 Tafel, 318 S. Text). 3. Bd. Dramen und Übersetzungen. Empedocles, Oedipus, Antigonä. Herausgegeben von Wilhelm Böhm (1. Port., 298 S.)

Unkritisch; Einleitung gegen Litzmann Fortschritt, dsgl. für Empedokles Text. Wichtig erster Wiederabdruck der Sophocles-Übertragung. Besprechungen: Preußische Jahrbücher 1906, Bd. 124, S. 154 ff. Österreichisches Literaturblatt, XIV, S. 691. Allgemeine Zeitung Beilage 6. III. 1906, Nr. 53. Zeitschrift für vgl. Literaturgeschichte 1910, XVIII, S. 141 f. (S c h m i d). Jahresberichte, XVI, 1905, S. 439 f. (K r ä h e). Literarisches Echo 1909, S. 371 f. (Mießner). Schwäbische Chronik, 5. XII. 1905, Nr. 566. Beweging Sept. 1907 (Verwey). Zeitschrift f. d. Unterricht, XXV, S. 771 (Unger). Akademische Blätter 1906, S. 283 ff., 299 ff. (Steinert). Vossische Zeitung 11./18. Nov. 1906 (Eloesser).

1906 Vesper, Will: Hölderlins Dichtungen. Ausgewählt von —, Statuen deutscher Kultur. München 1906. Bd. VI, S. 5—9 Zur Einführung, S. 104 Quellennachweis.

1909 Joachimi-Dege, Marie: Friedrich Hölderlins Werke in vier Teilen. Herausgegeben mit Einleitungen und Anmerkungen versehen. Goldene Klassiker-Bibliothek. Berlin [1909]. Teil 1: Gedichte mit einem Lebensbild, Porträt, LXXXIII Seiten, 308 Seiten. Teil 2: Hyperion, 226 Seiten. Teil 3: Empedokles, 115 Seiten. Teil 4: Übersetzungen — Theoretische Schriften, 195 S.

Vollständige Sammlung aller bekannten Texte ohne die Briefe. Einleitung überm Durchschnitt; ohne Kenntnis der Handschriften. Besprechungen: Österreichisches Literaturblatt, XXI, S. 732. Schwäb. Merkur 19. XII. 1912. Zeitschrift für Bücherfreunde Januar 1913, S. 418 (Witkowski). Grenzboten 1910, IV, S. 391 (Jentsch). Literar. Handweiser 1913, S. 791. Neues Tagblatt, Stuttgart 1910 (Bethge). Hamburgischer Correspondent, 17. Juli 1912, Beilage (Bethge). Allgemeine deutsche Lehrerzeitung, VIII, 1912, S. 578. Monatsschrift für höhere Schulen 1909, Seite 465 (Matthias).

1910 Böhm, Wilhelm: Friedrich Hölderlins ausgewählte Briefe. Jena 1910. 8°. 2 Bl. LII Seiten Einleitung, 350 S.

Besprochen: Will Scheller: Rhein.-Westph. Zeitung 1912, Nr. 326. M. Joachimi-Dege: Literarisches Echo, 1. März 1912. J. V. Widmann: Berner Bund, 1. Okt. 1911. Wendriner: Der Tag, 7. Mai 1911. Augsburger Postzeitung, 7. Januar 1911: Baumann. Euphorion 1913, Ergänzungsheft 10, S. 220 f. Kölnische Zeitung, 24. Sept. 1911. Neue freie Presse, 13. VIII. 1911. Schwäbischer Merkur, 29. X. 1910. Zeitschrift für lateinlose höhere Schulen 1911, S. 399.

Hellingrath, Norbert von: Pindarübertragungen Hölderlins. Berlin 1910.

Dazu Th. Tagger: Pindar. Der Zeitgeist. Montagsbeilage des Berliner Tageblatts 1914, Nr. 50.

Scholz, Wilhelm von: Der Tod des Empedokles. Für eine festliche Aufführung bearbeitet und eingerichtet. Leipzig 1910.

Grundsätzlich wegen Gewaltsamkeit abzulehnen. Besprochen: Jahresberichte, XXI, S. 502 (Jacobs). Münchener Zeitung, 13. VI. 1910 (Braun). Literarisches Echo, 1. VII. 1910. Die Schaubühne, 15. I. 1911.

Böhm, Wilhelm: Friedrich Hölderlin. Gesammelte Werke in drei Bänden, **1911** 2. Auflage. Jena. Bd. I: 1911, Hyperion mit Einleitung: Hölderlins Entwicklung. Bd. II: Gedichte. Bd. III: Empedokles, Übersetzungen, Philosophische Versuche.

Starke Vermehrung der Gedichte. Hyperion-Vorstufen; Jugendhymnen-Auswahl. Einige philosophische Fragmente. wenig sorgfältiger Text. Besprechung: Literarisches Echo XIV, 1912, Heft 11 (M. Joachimi-Dege).

Hölderlin: Hyperion oder der Eremit in Griechenland. Herausgegeben von Ernst Schulte-Strathaus. 4°. Hyperion Verlag (Hundert-Druck Nr. 8.) Berlin 1911.

Hölderlin: Hyperion oder der Eremit in Griechenland. 4°. Luxus- **1912** ausgabe 17. Druck der Ernst Ludwig Presse. Leipzig 1912. Text revidiert von Franz Zinkernagel.

Besprochen: Zeitschrift für Bücherfreunde 1913. IV. S. 416.

Friedrich Hölderlin: Hyperion oder der Eremit von Griechenland. Hamburgische Hausbibliothek 1912. S. 146—151: Zum Geleit von G. Rosenhagen.

Besprochen: Münchener Neueste Nachrichten, 1. VII. 1912 (Michel).

HELLINGRATH, NORBERT VON: Hölderlins sämtliche Werke. Unter **1913** Mitarbeit von Friedrich Seebaß besorgt von —. Historisch-kritische Ausgabe. München, Georg Müller. Bd. V. Übersetzungen und Briefe.

Besprechungen: Die Alpen, VII. Jhg., 1913, S. 509 ff. (H. Blösch). Euphorion 1914, XXI. Bd., S. 356 ff. (Zinkernagel). Deutsche Literatur-Zeitung, 1. Febr. 1913, Bd. 34, Sp. 300 f. (J. Fränkel). Zeitschrift f. Bücherfreunde 1912, Dez., IV., 2. Beibl., Sp. 349 (Witkowski). Weser-Zeitung, Bremen, 28. Jan. 1913, Der Tag, Nr. 155, 1913, 5. Juli (Hans Benzmann). Revue Germanique 1914, X. Jhg., S. 110 f. (J. Claverie). Wiener Zeitg., 12. VIII. 14, Nr. 184 (Benzmann). Hamburger Fremdenblatt, 9. II. 13 (J. K.). Preuß. Schulzeitung, 28. V. 13. Wissenschaftl. Lehrerzeitung, 1. VII. 13 (Ernst Otto). Frankfurter Ztg., 16. Juli 16, 1. Mgbl. (W. Michel). Münchener Neueste Nachrichten, 3. Februar 13 (Sulger-Gebing). De Beweging, Febr. 1913, S. 209 ff. (A. Verwey). Neuphilologische Blätter 1914, Jhg. XXI., Heft 6/7 (Benzmann). Leipziger Neueste Nachrichten, 20. Sept. 1913 (A. Ehrenstein). Neue Freie Presse, 30. März 1913. Königsberger Zeitung, 2. XI. 1913. Hamburger Fremdenblatt, 4. I. 1914 (O. Braun). Badisches Museum, 26. II. 1913. Basler Nachrichten, 24. Juni 1917 (E. J.). Hochland, XIII., Heft 3 (Muth). Kunstwart, Dezemberheft 1913. Fremdenblatt Wien, 17. Febr. 1913.

— — S e e b a ß , F r i e d r i c h : Bd. I. (der historisch-kritischen Ausgabe) Jugendgedichte und Briefe.

Besprechungen: Zeitschrift für Bücherfreunde 1914, 3. Nov. N.F.V. 2, S. 311 (Witkowski). De Beweging, 9. Juni 1914 (A. Verwey).

Z i n k e r n a g e l , F r a n z : Hölderlins sämtliche Werke und Briefe. Kritisch-historische Ausgabe. Leipzig, Insel-Verlag. Bd. II. Hyperion und Prosa-Aufsätze.

Besprechungen: Zeitschrift für Bücherfreunde 1914, VI. Jhg., Beibl. S. 249 (W.). Zeitschrift f. deutsche Philologie 1915, Bd. 46, S. 488 f. (Enders). Deutsche Literatur-Zeitung, 18. Dez. 1915, Bd. 36, Sz. 2696 f. (M. J o a c h i m i D e g e). Hamburger Nachrichten, Beilage 1914, Nr. 44. Schwäbischer Merkur, 12. VIII. 1914. Wiener Ztg., 12. VIII. 14, Nr. 184

(Benzmann). Basler Nachrichten, 24. Juni 1917 (E. J.). Aus großer Zeit, Beilage zur Post, 21. Juli 1917 (S e e b a ß). Euphorion XXII., 1919, S. 411 (E. L e h m a n n).

Hölderlin, Friedrich: Diotima. Münchener Liebhaber-Druck 5. Bachmayr o. J. [1913], 13 Seiten.

Enthält hauptsächlich „Menons Klagen".

Hölderlin: Gedichte. Inselbücherei 50. Hgb. von W. v. Scholz o. J. (1913).

Besonders schlechte Auswahl.

1914 [Strauß, Emil]: Gedichte von Friedrich Hölderlin. Pantheon-Ausgabe. Fischer, Berlin 1914.

Mit einer langen, wenig eindringenden Einleitung S. IX—XXX von Emil Strauß und einer Bemerkung S. 193 über Textgestaltung.

1915 Vesper, Will: F. Hölderlins Leben in seinen Briefen und Gedichten. Deutsche Bibliothek o. J. Nr. 19 [1915].

Ausgewählt und eingeleitet und mit verbindendem Text.

[Lehmann, Emil]: Hymnen an die Ideale der Menschheit von Friedrich Hölderlin. Inselbücherei Nr. 180 o. J. [1915]. Der ausgewählten Gedichte zweiter Teil.

S. 91 f. Anmerkung des Herausgebers Dr. Lehmann. Fehlt Hymne an die Unsterblichkeit.

1916 Z i n k e r n a g e l, 'F r a n z : Sämtliche Werke und Briefe. Bd. 3. Datiert 1915. Empedokles-Bruchstücke. Übersetzungen.

Besprechungen: Tägliche Rundschau, 23. Februar 1917 (A. Brausewetter). Deutsche Rundschau, Septemberheft 1917 (WX).

HELLINGRATH, NORBERT VON: Hölderlins sämtliche Werke. Bd. IV. Gedichte 1800—1806. Datiert 1916, erschienen erst 1917.

Besprechungen: Zeitschrift für Bücherfreunde IX., 1917, Heft 7, Beiblatt Sz. 359 f. (Witkowski). Neues Tagblatt Stuttgart, 20. Juni 1917, Nr. 304. Weserzeitung, 3. Juli 1917, Nr. 25411. Die Propyläen, München 20. Juli 1917 (Seebaß). Schwäbische Kronik, 21. Dezember 1917, Nr. 598. Neue Zürcher Zeitung, 21. Dezember 1917, 1. u 3. Mgbl. (Fränkel). Dresdner Anzeiger, 26./27. Februar 1918 (P. Sch.). Ostdeutsche Rundschau, Wien, 17. Februar 18, Nr. 59 (Lehmann). Deutsche Arbeit, Jhg. XVII., Juliheft 1918, Sz. 423 f. (Lehmann). Münchener Neueste Nachrichten, 28. Juli 1917 (Sulger-Gebing).

Hölderlin: Vom deutschen Volk. Flugblätter an die deutsche Jugend. Nr. 18. 8°. 1916. 4 Seiten. Jena.

Druckt Strafrede aus Hyperion ab.

Hollander, Karl v. Friedrich Hölderlin: Hyperion oder der Eremit in Griechenland. Mit einem Nachwort herausgegeben von —. Liebhaberbibliothek Nr. 27. Weimar 1916. Zweite Auflage 1918.

1917 Friedrich Hölderlin. Der Archipelagus. Flugblätter an die deutsche Jugend, Heft 22. Jena 1917. 8°. 8 Seiten.

1918 Ehrenstein, Albert: Trauerspiele des Sophokles, übersetzt von Friedrich Hölderlin. Diese Ausgabe besorgte einleitend —. Liebhaber-Bibliothek, Weimar 1918, Nr. 51.

Einleitung abgedruckt Vossische Zeitung, 30. X. 18.
Besprochen: Gleichen-Rußwurm: „Die Verblendung". Das literarische
Echo, 1. März 1919. K. S. Augsburger Postzeitung, 24. Sept. 1919.

Friedrich Hölderlin: Hyperions Jugend. Flugblätter an die deutsche   1919
Jugend, Heft 29. 8°. 1919. 6 Seiten.

Anfang des gleichnamigen Fragmentes.

Pecher, J.: Friedrich Hölderlin Hyperion. Luxusausgabe mit Radie-
rungen von R. Schott. Hesperos-Verlag.

Delius, Rudolf von: Hölderlins Hymnen. Groß 8°. Druck der Rupprecht-
Presse München. Buchausstattung von F. H. Ehmke.

Druckt ohne Quellenangabe und willkürlich bearbeitet Hellingraths
Funde ab.

[Petzet, Erich]: Hölderlin. Oedipus der Tyrann. Druck der Bremer
Presse. Tölz 1919.

Lorenz, Felix: Friedrich Hölderlin, der Dichter des Ideals. Auswahl
seiner Dichtungen. Bd. I der Schriften des Schiller-Bundes. Berlin
1919.

Äußerst schlechte Auswahl.
Besprochen von Paul Friedrich: Berl. Neueste Nachrichten, 24. Mai 1920.

Bruns Max: Auf silbernen Saiten. Bruns Verlag, Minden o. J. [1920].   1920

Auswahl der Gedichte.

[Lichtenstein, Erich]: Gedichte von Friedrich Hölderlin. 1920. Jena.

Nach Vorbemerkung S. VII/VIII auf Hellingraths Grundlage.
Besprochen: Die Grenzboten, Berlin, 24. Aug. 1921. Neuer Merkur VI.
September 1921 (Landauer). Zeitschrift für Bücherfreunde 1921, Heft 5,
Sz. 224 (Witkowsky).

[Kasack, Hermann]: Hölderlin. Hymnische Bruchstücke aus der Spätzeit. Aus der Handschrift zum erstenmal übertragen. Hannover 1920.
S. 9—22. Nachbemerkung S. 23—28 von —.

Besprochen: Berliner Börsen-Courier, 24. VII. 21 (O. Loerke). Neue
Badische Landeszeitung, Mannheim, 12. Aug. 21 und öfters (H. Gäfgen).

Hölderlin: Hyperion. Luxusdruck. 1920. Werke der Weltliteratur, Propyläen-Verlag.

Hölderlin, Friedrich: Empedocles. München, Hyperion-Verlag, 1920. 16°.

Miniaturausgabe mit Einbandzeichnung von Emil Pretorius ohne Heraus-
geber-Namen; druckt 1. Fassung ab.

Hölderlins Hymne an die Freiheit. Dresden 1920.

Auf deutschem Japan mit goldenen Initialen entworfen und geschrieben
von Joh. Szschichhold. Palatino-Buch Nr. 7 [!!]

Böhm, Wilhelm: Hölderlin-Ausgabe Diederichs, III. unveränderte (!)   1921
Auflage. 1921.

Delius, Rudolf von: Hölderlin, die späten Hymnen. Ausgewählt und
herausgegeben [o. J. 1921]. Die Silbergäule, Nr. 119—125, mit Einleitung S. 5/6, Text S. 7—56. Zur Literatur S. 57.

Willkürliches Umspringen mit den von Hellingrath veröffentlichten späten Fragmenten, ohne Rechtfertigung; abgelehnt von Oskar Loerke: Berliner Börsen-Courier, 24. VII. 21.

1921 [Lichtenstein, Erich]: Hyperion, Empedokles von Friedrich Hölderlin. Weimar 1921.

Mit Vorbemerkung von E[rich] L[ichtenstein].

[Morek, Curt]: Hyperion. München 1921.

Mit griechischen Landschaften von Rottmann und Nachwort von C. Morek.

Kasack Hermann: Friedrich Hölderlin. Elegien. Luxusdruck Kiepenheuer 1921.

[Seebaß, Friedrich; Kasack, Hermann]: Friedrich Hölderlin. Gesammelte Werke in 4 Bänden. Kiepenheuer 1921.

Nachwort von F[riedrich] S[eebaß]. I. Bd.: Gedichte. II. Bd., Hyperion und Empedokles. III. Bd.: Philosophischer Nachlaß und Übersetzungen. IV. Briefe.
Besprochen: Neue Badische Landeszeitung, Mannheim, 14. Okt. 1921 (F. Schnack). Karlsruher Tageblatt, 15. X. 21 (F. Schnabel).

Schneider, Manfred: Hölderlins Werke in 4 Bänden. Herausgegeben von —. Stuttgart 1921.

I. Bd.: Hyperion: Frühe Gedichte. S. 9 Vorwort, S. 11—26 Hölderlins äußerer Lebensgang, S. 27—33 Vorbemerkung des Herausgebers zu „Hyperion". II. Bd.: Gedichte. S. 9—17 Vorbemerkung des Herausgebers. III. Bd.: Empedokles. Oden des Pindar. Dramen des Sophokles. Theoretische Schriften. S. 9—17 Vorbemerkung des Herausgebers. IV. Bd.: Briefe. S. 9—16 Vorbemerkung des Herausgebers.

Soll-Stümpke, Käte: Hölderlin. Briefe, Dichtungen, Erinnerungen, ausgewählt und eingeleitet 1921. Die fünfzig Bücher Nr. 24. Ullstein.

Besprochen: Wenke: Der Tag, 21. Juli 1921.

F. Hölderlin: Menons Klagen um Diotima. Druck der Johannes-Presse von Hans Vollenweider, Zürich 1921.

Beschrieben: Neue Züricher Zeitung, 19. II. 1921.

Hölderlin: Hyperion. Kiepenheuer [1921] o. J.

Mit Nachwort von Friedrich Seebaß.

Hölderlin: Hyperion. Taschenausgabe des Insel-Verlags 1921.

Von Friedrich Michael besorgt.
Mit sämtlichen Vorstufen nach Zinkernagels Ausgabe.

Lehmann, Emil: Friedrich Hölderlin. Gedichte. Bernts „Bücher der Deutschen", Reichenberg 1921.

Zinkernagel, Franz: Friedrich Hölderlins sämtliche Werke und Briefe. Vierter Band. Briefe. Leipzig 1921.

Hölderlin, Antigonä. Mit Holzschnitten von W. Gerstel. Bern 1921. Seldwyla-Druck 3.

Benzion, Alexander: Friedrich Hölderlin. Gesammelte Werke in 4 Bänden. Herausgegeben von —. Weimar 1922.

Betzendörfer, Walter und Haering, Theodor: Hölderlin. Neuaufgefundene Jugendarbeiten. Nürnberg 1921 [erschienen 1922].

Enthält die Magisterarbeiten: I. Parallele zwischen Salomons Sprüch-
wörtern und Heriods Werken und Tagen. II. Geschichte der schönen
Künste unter den Griechen. III. Eine Predigt.

Vesper, Will: Friedrich Hölderlin. Gedichte. Gesamtausgabe besorgt
von —. Reclam, Leipzig o. J. [1922] mit Vorwort. S. 3—10 Hölderlins
Leben.

Gestützt namentlich auf Hellingraths Ausgabe.

Vesper, Will: Hölderlins Hyperion mit einem Nachwort von —. 1921.
Reclam. Neue Auflage.

PIGENOT, LUDWIG VON: Hölderlins sämtliche Werke. Histor-krit.
Ausgabe. Begonnen von N. v. Hellingrath, fortgeführt durch Friedrich
Seebaß und Ludwig v. Pigenot. Bd. III Gedichte. Empedokles. Philos.
Nachlaß. Briefe. Propyläen-Verlag 1922.

Pigenot, Ludwig von: Hölderlin. Homers Iliade. 1922.

Mit einem Nachwort von —

1b. ERSTVERÖFFENTLICHUNGEN EINZELNER TEXTE
(GEDICHTE, BRIEFE u. a.)[1]

1791 Stäudlin, Gottlob Friedrich: Schwäbischer Musenalmanach auf das Jahr 1792. Stutgart 1791. S. 1 ff. Hymne an die Muse. S. 112 ff. Hymne an die Freiheit. S. 153 ff. Hymne an die Göttin der Harmonie. S. 163 ff. Meine Genesung an Lida.

Stäudlin, Gottlob Friedrich: Poetische Blumenlese für das Jahr 1793. Stutgart 1792. S. 1 Hymne an die Menschheit. S. 22 Hymne an die Schönheit. S. 46 Hymne an den Genius der Jugend. S. 57 Hymne an die Freundschaft. S. 79 Kanton Schwyz: An meinen lieben Hiller. S. 98 Hymne an die Freiheit. S. 117 Hymne an die Liebe.

Schiller, Friedrich von: Neue Thalia, IV. Bd., 1793 [erschienen 1794]. S. 221 Das Schiksal. S. 331 Griechenland: An Gotthold Stäudlin. S. 334 Dem Genius der Kühnheit.

Ehrmann, M. A.: Die Einsiedlerin aus den Alpen. Zürich 1794. II. Bd., S. 225 ff. Lied der Liebe. III. Bd., S. 35 An Neuffer im Merz 1794.

Ewald, J. L.: Urania für Kopf und Herz 1795 III. Bd. 4. Stück. S. 314 Griechenland, an St.
Erweiterte Fassung.

1796 Schiller, Friedrich von: Musenalmanach auf das Jahr 1796. S. 152 Der Gott der Jugend.

Lang, Carl: Almanach und Taschenbuch für häusliche und gesellige Freuden auf das Jahr 1797. S. 175 An eine Rose. S. 185 Freundes Wunsch: An Rosine St. S. 223 Lebensgenuß an Neuffer.

Schiller, Friedrich von: Die Horen 1797. 6 Stück, Nr. IV. S. 69 f. Der Wanderer, 10 Stück, Nr. IX. S. 101 f. Die Eichbäume.

Schiller, Friedrich von: Musenalmanach für 1798. S. 131 An den Aether.

Schiller, Friedrich von: Musenalmanach für 1799. S. 47 Socrates und Alcibiades. S. 209 An unsere großen Dichter.

Neuffer, Christian Ludwig: Taschenbuch für Frauenzimmer von Bildung auf das Jahr 1799. Unter Pseudonym Hillmar: Das Unverzeihliche S. 5. Die Liebenden S. 67. Ihre Genesung S. 89. An Ihren Genius S. 161. Abbitte S. 168. Der gute Glaube S. 175. Die Heimat S. 304. — Hölderlin: Ehmals und jezt S. 17. An die Deutschen S. 68. An die jungen Dichter S. 112. Lebenslauf S. 158. Die Kürze S. 163. An die Parzen S. 166. An Diotima (im Text „Diotima") S. 274.

1800 Neuffer, Christian Ludwig: Taschenbuch für Frauenzimmer von Bildung auf das Jahr 1800.

---

[1] Mit Absicht wurden die Namen der zeitgenössischen Herausgeber der Almanache usw. vorausgestellt, weil sie, fast sämtlich Freunde Hölderlins, sich öffentlich für das Bekanntwerden seiner Lyrik einsetzten.

Unter dem Pseudonym: Hillmar: Menschenbeyfall S. 131.
Hölderlin: Emilie vor ihrem Brauttag S. 1. Diotima (Leuchtest Du...)
S. 114. Die Launischen S. 148. Der Tod fürs Vaterland S. 204. Stimme
des Volks S. 205. Sonnenuntergang S. 245. Der Zeitgeist S. 246. An
die scheinheiligen Dichter S. 280.

Hadermann: Brittischer Damenkalender und Taschenbuch für das Jahr
1800. S. 93 Des Morgens. S. 94 Abendphantasie. S. 95 Der Main.

— Aglaia. Ein Taschenbuch für Frauenzimmer auf das Jahr 1801.
S. 302 Die Götter. S. 320 Heidelberg. S. 331 Der Neckar. S. 353
Empedokles.

H[au]g [Friedrich]: Für Herz und Geist. Ein Taschenbuch auf das Jahr
1801. S. 109 Rückkehr in die Heimath.

— Flora. Deutschlands Töchtern geweiht. 1801. 3. Vierteljahr. S. 31
Der Wanderer [letzte Fassung].

—· Flora. Deutschlands Töchtern geweiht. 1802. 4. Vierteljahr. S. 21
Heimkunft. An die Verwandten. S. 27 Die Wanderung. S. 32 Dichter-
beruf. S. 35 Stimme des Volks.

Vermehren, Bernhard: Musenalmanach für das Jahr 1802. S. 33 Menons
Klage um Diotima [1—4]. S. 163 Elegie [-Menons Klagen 6]. S. 209
Unter den Alpen gesungen.

Vermehren, Bernhard: Musenalmanach für das Jahr 1803. S. 93 Menons
Klagen um Diotima V—IX.

Huber, Ludwig Ferdinand: Vierteljährliche Unterhaltungen [auch als
Flora genannt]. 1804. III. Stück. S. 168 Der Archipelagus.

[Wilmans, Friedrich:] Taschenbuch auf das Jahr 1805 der Liebe und   1805
Freundschaft gewidmet. S. 77 Chiron. S. 79 Thränen. S. 80 An die
Hoffnung. S. 81 Vulkan. S. 82 Blödigkeit. S. 83 Ganymed. S. 85
Hälfte des Lebens. S. 85 Lebensalter. S. 86 Winkel von Hardt.

Nast: Würtembergisches Taschenbuch auf das Jahr 1806 für Freunde
und Freundinnen des Vaterlandes. S. 72 Die Heimath.

Seckendorff, Leo Freiherr von: Musenalmanach auf das Jahr 1807.
S. 1 Die Herbstfeier. An Siegfried Schmidt. S. 55 Die Wanderung.
S. 90 Die Nacht [Anfang von Brod und Wein].

Seckendorff, Leo Freiherr von: Musenalmanach auf das Jahr 1808.
S. 73 Pathmos. Dem Landgrafen von Hessen-Homburg. S. 94 Der
Rhein. An Jsaak von Sinclair. S. 128 Andenken.

[Arnim und Brentano:] Zeitung für Einsiedler. 1808. 20. April, Nr. 6,
Denn schwer ist zu tragen der Gott. [Der Rhein, von 204—209].
4. Mai, Nr. 10, Entstehung der deutschen Poesie. Zu lang, zu lang
schon ist. [Patmos von 213—227]. 11. Mai, Nr. 12, Noch ist und
schwer zu fassen der Gott. [Patmos von 1—3, 198—212].

1824   Neuffer, Cristian Ludwig: Taschenbuch von der Donau auf das Jahr 1824.
S. 152 An eine Rose. S. 193 Lied der Freundschaft 1790. S. 227 Einer
abwesenden Freundin 1794.

> In einer Besprechung: Becks Allgemeines Repertorium der Literatur.
> 1823. III., S. 444 wird Hölderlin als gestorben betrachtet.

Waiblinger, Wilhelm: Phaëton. 1824, Bd. II, S. 152 ff.

> Bringt unzweifelhaft echte Bruchstücke des irren Hölderlin in rhythmischer
> Prosa. Vergleiche dazu K. Frey Waiblinger 1904, S. 136. Ottmar Rutz:
> Euphorion XX, 1913, S. 428 f. R. Bluemel: Das Reich, Januarbuch 1918.
> Ohne Abschließendes gesagt zu haben. Bluemel druckt die rythmische
> Prosa als Gedicht Hölderlins unter der Überschrift „Maß der Mensch-
> heit" ab.

1829   Neuffer, Christian Ludwig: Taschenbuch von der Donau auf das Jahr 1825.
S. 201 Einladung; Seinem Freund Neuffer, Frankfurt 1797. S. 222
Trost; An Neuffer im März 1794.

[Neuffer:] Nachtrag einiger Gedichte von Friedrich Hölderlin. Zeitung
für die elegante Welt, 1829, Nr. 172 ff.

> Bringt Widmungsworte Hölderlins an seine Mutter in einem Exemplar
> seiner Jugendhymnen, druckt dann die Mehrzahl nach Stäudlin mit will-
> kürlichen Änderungen ab. Erstdruck von An die Stille, Sp. 1387, und
> Diotima, Sp. 1955 (Reimgedicht in längerer Fassung).

Waiblinger, Wilhelm: Friedrich Hölderlins Leben, Dichtung und Wahnsinn. Zeitgenossen II, 1831, S. 189 ff.

> Erste Strophe einer Ode, willkürlich „Diotima" überschrieben, siehe F.
> Seebaß: Der grundgescheute Antiquarius 1922, I, Heft 6.

1840   Erinnerung an Hölderlin: Gedenkbuch zur vierten Jubelfeier der Er-
findung der Buchdruckerkunst, begangen zu Frankfurt a. M. am 24.
und 25. Junius 1840. (Erstdruck der Widmung des ersten Hyperion-
bandes: Der Einfluß...)

Müller, Arthur: Moderne Reliquien. 1845. Neben vielen bekannten
Jugendhymnen Erstdruck [?] einer Hymne an die Unsterblichkeit.
I. S. 311 ff.

Arnim, Bettina von: Ilius Pamphilius und die Ambrosia. Bd. II, S. 382 ff.
1848. Druckt drei Wahnsinnsgedichte ab aus dem Jahre 1841: Der
Winter (Wenn bleicher Schnee). Höhere Menschheit. Überzeugung.

Charlotte [von Kalb]: Ein Buch des Andenkens für ihre Freunde 1851.
Erstdruck von Hölderlins Brief an Hegel vom 10. VII. 1794.

Mörike, Eduard: Deutscher Musenalmanach von Chr. Schad, Würzburg
1853, bringt Erstdruck von „An eine Braut".

Ebendort 1856, S. 107 f. „Heidelberg. Ein Konzept von Hölderlin."

Mörike, Eduard: Eine Reliquie von Hölderlin. Düsseldorfer Künstleralbum IX. 1859 [ersch. 1858]. Herausgegeben von Chr. Höppl. Teilt
Wahnsinnsgedicht „Wenn aus dem Himmel hellere Wonne" mit.

> Vgl. dazu Wolfgang Stammler Zu Hölderlin: Zeitschrift für den deutschen
> Unterricht XXX. Oktober 1916, S. 640.

Mörike, Eduard: Erinnerung an Friedrich Hölderlin. Freya, Stuttgart.   1863
Jhg. III. 1863, S. 337 f. Erstdruck von „An Zimmern".

Schwab, Chr. Th.: Neuaufgefundene Jugendgedichte Hölderlins. Morgenblatt für gebildete Stände, 20./27. Aug. 1863. Erstdruck von frühesten
gereimten Jugendgedichten und Burg Tübingen aus Künzels Hand-
schriften-Sammlung.

Mayer, Karl: Ludwig Uhland I, 1867, S. 175 ff. Wahnsinnsgedichte.
Die Schönheit ist den Kindern eigen (teilweis), 3 Strophen und „Der
Ruhm", „Auf die Geburt eines Kindes" (Schluß), „Das Angenehme
dieser Welt".

Wellmer, Arnold: Zertrümmert. Über Land und Meer. 1870. S. 473.   1870
Wahnsinnsgedicht „Aussicht".

Schwab, Christoph Theodor: Beiträge zur Biographie Hölderlins. Westermanns Illustr. deutsche Monatshefte, Bd. XXX, 1871, S. 650 ff. Druckt
fünf Briefe Hölderlins an Hegel.

Blätter der Erinnerung an frühverstummte Sänger. Schwäbische Kronik,   1880
3. Okt. 1880, Nr. 235. Brief an die Mutter, Juni 1788, an Landauer
1801.

— Schwäbische Kronik, 31. Juli 1881, Nr. 179. Brief an die Mutter,
Dezember 1785 und Januar 1787. Brief aus der Wahnsinnszeit an die
Schwester.

Sauer, August: Ungedruckte Dichtungen Hölderlins. Schnorrs Archiv
für Literaturgeschichte XIII, 1885, S. 358 ff. 1. Jugendgedichte, 2. Die
älteste Fassung des Hyperion. [Hyperions Jugend].

Baechtold, Jakob: Briefwechsel zwischen Hermann Kurz und Eduard
Mörike 1885. Erstdruck der Wahnsinnsgedichte: An Zimmern, Der
Sommer (Fragment).

Charavay, Etienne: Lettres autographes de Alfred Bovet. Paris 1885.
S. 389 f. Erstdruck des Briefes an Schiller vom 30. Juni 1796.
(Sic! gemeint ist 1798.)

Scheidel, Gustav: Ein Brief Hölderlins an Leo von Seckendorff. Straßburger Post, 27. November 1886, Nr. 329.
Vgl. dazu C. Litzmann: Schnorrs Archiv, Bd. XV, S. 452. Er bestreitet,
daß H. in Paris war.

Baechtold, Jakob: Hölderlin in der Schweiz. Seufferts Vierteljahrsschrift I, 1888. Druckt S. 270 f. Brief an seine Mutter, 24. I. 1801,
S. 272 f. Brief an Schwester, 23. II. 1801.

Ungewitter, Wilhelm: Ein Stammbuch aus Hölderlins Freundeskreis.
Sitzungsberichte der Altertumsgesellschaft Prussia, Königsberg 1889,
S. 139. Druckt Vers von Hölderlin „Wie bald ists ausgeronnen".
Vielleicht fremdes Zitat s. Seebaß, Ausgabe I, S. 341.

Fischer, Hermann: Ein Jugendbrief Hölderlins [an Diakonus Köstlin   1891
1786]. Seufferts Vierteljahrsschrift 1891, IV, S. 599 ff.

Seuffert, Bernhard: Gedichte Hölderlins. Seufferts Vierteljahrschrift IV, 1891, S. 599 ff.

Erstdruck von „An die klugen Ratgeber" (2 Fassungen): Der Mensch (zwei letzte Strophen) und Vanini nach Handschrift aus Schillers Redaktionsnachlaß, jetzt Goethe-Schiller-Archiv.

Müller-Rastatt, Carl: Friedrich Hölderlin. Vom Fels zum Meer, 1893, Heft 11, S. 303 ff. Erstdruck von „Der Lorbeer".

Müller-Rasatt, Carl: Aus Friedrich Hölderlins Schülerjahren. Stuttgarter Neues Tagblatt 1893, 17./18. Juni, 2. Blatt. Mitteilung folgender Jugendgedichte: 1. An die Lehrer. 2. Deformis ägrimonia. 3. An meinen B. 4. Die Weisheit des Trauerns. 5. An die Vollendung. 6. An Gustav Adolf. 7. Auf Christoph v. Württemberg.

Müller-Rastatt, Carl: Aus dem Nachlaß von F. Hölderlin. Blätter für literarische Unterhaltung 1893, Nr. 27. Schwabens Mägdelein. An die Ehre. Einst und jetzt. Lida. An Hercules.

Müller-Rastatt, Karl: Friedrich Hölderlin. Sein Leben und seine Werke. Mit einem Anhang ungedruckter Gedichte. Bremen 1894. S. 185 ff. Erstdruck von Selbstquälerei und Brod und Wein.

Müller, Ernst: Ein ungedruckter Brief Hölderlins an seine Mutter aus den Jahren 1792/93. Münchener Allgemeine Zeitung, 20. Dezember 1898. Beilage 288.

Schröder, Carl: Zu Hölderlin. Euphorion II. 1899, S. 91 ff. Abdruck von „Der Prinzessin Auguste von Homburg". Brief an Böhlendorf, 4. XXII. 1801, aus dem Nachlaß der Prinzessin von Schwerin.

1900 Mentzel, Elisabeth: Ein Stammbuchblatt Hölderlins. Frankfurter Zeitung, 6. Mai 1900, Nr. 124, II. Morgenblatt. Eintragung ins Stammbuch des Daniel Andreas Manskopf, Gontards Neffen: „Vortrefliche Menschen müssen auch wissen, daß sie es s i n d" usw. Frankfurt a. M. Junius 1797.

Bezeugt freundliche Beziehungen auch zu Verwandten der Gontards.

Reuß, Theodor: Heinse und Hölderlin. Diss. Tübingen 1906 bringt S. 68 ff. diplomatischgetreuen Erstdruck von Hymne an die Wahrheit.

Zinkernagel, Franz: Die Entwicklungsgeschichte von Hölderlins Hyperion 1907. Anhang bringt eine Reihe Fragmente zum ersten Male handschriftengetreu.

Jena und Weimar. Almanach des Verlags E. Diederichs auf das Jahr 1908. Erstdruck: An Diotima (Götter wandelten einst...)

1910 [Hellingrath, Norbert von:] Blätter für die Kunst, Berlin 1910. 9. Folge bringt einige Pindaroden in Hölderlins Übertragung.

George und Wolfskehl: Deutsche Dichtung. Bd. III, 2. Auflage 1910. Erstdruck der Hymne „An die Dichter" (Wie wenn am Feiertage...).

Insel-Almanach auf das Jahr 1911, S. 157. Hölderlins Gedicht aus der
Wahnsinnszeit „Der Winter" („Wenn ungesehen und nur vorüber")
24. Nov. 1842.

Schwetje, Josef: Stilistische Beträge zu Hölderlins Hyperion. Diss.
Greifswald 1911. S. 95 ff. bringt zwei Briefentwürfe zum Hyperion.

Spindler, Paul: Ein seltenes Buch [H's Hyperion] Bes. Beilage des Staatsanzeigers f. Württemberg, 1. XII. 1912.   Nachweis des Exemplars, das
H. seiner Diotima gewidmet hat aus Sömmerings, dann Hollands Besitz
mit Widmungsworten an Diotima.   Vor dem zweiten Bande: Wem
sonst als D i r.   Daneben mit Bleistift von der Hand Thomas v. Sömmerings: „Frau Susette Gontard".

[Altes schwäbisches Gold.   Unbekannte Gedichte Hölderlins.   Neues Tagblatt, 29. XII. 13.]

> Vgl. Berichtigung, daß Gedichte in Seebaß' Ausgabe schon veröffentlicht
> waren. 3. I. 1914.

Hölderlin: Untreue der Weisheit.   Ungedruckte Handschrift aus den
Sammlungen auf Stift Neuburg. Alexander von Bernus: Das Reich, I,
3. Oktober 1916, S. 305 ff.   Fragmente des Pindar frei umschrieben in
Vers und Prosa: 1. Untreue der Weisheit. 2. Von der Wahrheit.
3. Von der Ruhe. 4. Vom Delphin. 5. Das Höchste. 6. Das Alter.
7. Das Unendliche.

> Häufig abgedruckt in Tageszeitungen.

Viëtor, Karl: Neue Hölderlin-Funde. Der Schwäbische Bund, I, Heft 6.   1920
März 1920, S. 614 ff., teilt Entwurf einer Vorrede zum Hyperion mit.

Güntter, Otto: Ungedrucktes von Hölderlin. Der Schwäbische Bund.
März 1920, S. 590 ff.: 1. An Stella. 2. Der Kampf der Leidenschaft.
3. Brief der Prinzessin Augusta von Homburg an Hölderlin.

Löffler: Ein unbekanntes Jugendgedicht Hölderlins [auf Franziska von
Hohenheim]: Staatsanzeiger für Württemberg, Besondere Beilage
Nr. 9, 31. August 1920.

> Vgl. dazu ib. Beilage zu 15. Juni 1921, Nr. 7.

Betzendörfer, Walter und Haering, Theodor: Hölderlin Neuaufgefundene
Jugendarbeiten, Nürnberg 1921.

> Bibliophiler Druck in einer Auflage von 750 numerierten Stücken.   Mit
> Schattenriß H. als Magister. Inhalt I. Magisterarbeit: Parallele zwischen
> Salomons Sprüchwörtern und Heriods Werken und Tagen. II. Magister-
> arbeit: Geschichte der schönen Künste unter den Griechen.   Beide mit-
> geteilt und mit sorgfältigen Anmerkungen versehen von Betzendörfer.
> III. Eine Predigt Friedrich Hölderlins.   Mitgeteilt und eingeleitet von
> Haering.

Hellingrath, Norbert von: Hölderlin 1921, S. 83 f. Erstdruck zweier
später Hyperion-Bruchstücke und Irrsinnsgedicht „Der Sommer".

Seebaß, Friedrich: Unbekannte Gedichte von Hölderlin. Der grundge-
scheute Antiquarius. München I, Heft 6. Die Muße. An Neuffer.
Gebet für die Unheilbaren. Diotima an Hyperion (Wenn aus der
Ferne ....).

Gedruckt Sommer 1921, erschienen erst im März 1922.

Henrici's Auktionskatalog LXXIII Nr. 317 [1921] Eintrag H's in Waiblingers Stammbuch: Wenn Menschen fröhlich sind. Facsimile.

1922 Seebaß, Friedrich: Neues von Hölderlin. Wissen und Leben. Zürich
Juli 1922.

Erstdruck eines längeren Fragments in Distichen an Diotima und anderer
Gedichte und Brieffragmente.

Nachtrag:

Eine Weihnachtspredigt des Schülers Friedrich Hölderlin. Mitgeteilt
von K. E. H[offmann?] Neue Zürcher Zeitung, 25. XII. 1921, Nr. 1855.

Druckt kurzes Denkendorfer Proömium aus dem Dezember 1785 ab.

Gesamtliteratur an Aufsätzen über den Dichter

ZEITGENÖSSISCHE KRITIKEN UND ERWÄHNUNGEN HÖLDER-
LINS 1791—1825

Schubart, Chr. Fr. D.: Vaterlandschronik 1791, S. 621.   1791
[Conz?:] Tübingische Gelehrten-Anzeigen 1791, S. 820.
besprechen Hölderlins Hymnen in Stäudlins Schwäbischem Musenalmanach auf das Jahr 1791.

Nürnberger Gelehrten-Zeitung 1793, S. 275. Neue Bibliothek der schönen
Wissenschaften und freien Künste, Bd. 54, 1795, S. 149.
besprechen Hölderlins Hymnen in Stäudlins Poetischer Blumenlese auf
das Jahr 1792.

M a g e n a u , Rudolf: Gedichte. 1795. S. 51. Valet an Hölderlin.
Gedicht mit ehrendem Hinweis auf seinen „edlen Freund".

Neue Bibliothek der schönen Wissenschaften. Bd. 56, 1795, S. 341 u. 343.
Über Hymne Griechenland und An den Genius der Kühnheit in Schillers
Neuer Thalia, IV. Bd.

Schlegel, Friedrich: Reichardts Deutschland II. 1796. S. 349.
Erwähnt Hölderlin, wieder abgedruckt: Prosaische Jugendschriften 1882,
II. S. 1.

Würzburger Gelehrten-Anzeigen. 1796. Bd. I, S. 237. Neue Bibliothek
der schönen Wissenschaften. 1796. Bd. 58, S. 311. Neue allgemeine
deutsche Bibliothek. 1797. Bd. 30, I, S. 143.
Besprechen: „Gott der Jugend" in Schillers Musenalmanach 1796.

[Manso:] Neue allgemeine deutsche Bibliothek. 1798. Bd. 40, S. 24.
1801. Bd. 62, S. 349. Oberdeutsche Allgemeine Litteraturzeitung.
1799. Bd. II, Sp. 808 ff., Zl.
Besprechen: Hölderlins Hyperion I, 1797, bezw. II, 1799.

SCHLEGEL, AUGUST WILHELM: Allgemeine Literatur-Zeitung,
Jena, 2. März 1799, wieder abgedruckt Sämtliche Werke XI, S. 364 f.

[C o n z:] Tübingische Gelehrten-Anzeigen. 1. Januar 1799. S. 3. Oberdeutsche Literatur-Zeitung. 1799. Bd. II, S. 1016 und 1018. Letztes
Taschenbuch auf das XVIII. Jahrhundert oder die Menschlichkeiten der
deutschen Musenalmanache. 1800. S. 126.
Besprechen: Hölderlins Beiträge zu Neuffers Taschenbuch für Frauenzimmer. 1799 bezw. 1800.

Belletristische Zeitung auf das Jahr 1800. Gotha I, S. 6.   1800
Bespricht „Emilie" in Neuffers Taschenbuch, 1800.

Allgemeiner Literarischer Anzeiger. Leipzig 1800, Nr. 120, S. 1176.
Nachtrag zu einem Verzeichnis deutscher Dichter nennt Hölderlin.

Erlanger Literatur-Zeitung. 1801. Sp. 1978.   1801
Rühmt „Rückkehr in die Heimat" in Haugs Taschenbuch für Herz und
Geist.

[C o n z:] Tübinger Gelehrten-Anzeigen. 1801. S. 25.

Bespricht: Hyperion I u. II rühmend u. ausführlich.

Meusel: Das gelehrte Teutschland. IX. 1801. S. 604.

Kennt H. als Verfasser des Hyperion und Mitarbeiter am Musenalmanach; gibt zum erstenmal fälschlich als Geburtsdatum 29. (sic.) März 1770 an.

Erlanger Literatur-Zeitung. 1802. III. S. 399.

Hebt Elegien und Ode „Unter den Alpen gesungen" in Vermehrens Musenalmanach 1802 hervor.

Gradmann, Johann Jacob: Das gelehrte Schwaben. 1802. S. 241.

Kurze biographische Notiz über Hölderlin als Hyperiondichter.

Süddeutschlands pragmatische Annalen der Literatur und Kultur. 1803. Bd. II, S. 455.

Rühmt geistvolle Beiträge des „Verfassers von Hyperion" in Vermehrens Almanach 1803.

[Conz:] Tübinger Gelehrten-Anzeigen. 1803. S. 36.

Tadelt Merkel, daß er von Hölderlins tief empfundenen Elegien schweige.

Herrmann, K. W.: Pantheon der deutschen Dichter. 1803.

Er nimmt S. 191 Hölderlins Jugendhymne „Das Schicksal" auf und macht S. 380 eine ausführliche Anmerkung über den Inhalt.

[GÖRRES JOSEF]: Hyperion. Aurora, eine Zeitschrift aus dem südlichen Deutschland. 1804. Nr. 128.

Wieder abgedruckt F. Schultz: J. Görres' Charakteristiken und Kritiken Aus den Jahren 1804/5. Köln 1900, S. 44 ff.; dann Schellberg: Görres' ausgewählte Werke 1911. I. S. 129 f. Kraftvoller Hinweis und tiefe Analyse des Hyperion, ausklingend in Andeutung des tragischen Schicksals nach den Taschenbuchgedichten 1805.

Der Freimüthige. 1804. Nr. 179 (R. L.). Neue Bibliothek der schönen Wissenschaften und freien Künste 1804. Bd. 67, S. 336.

Machen späte Hölderlin-Gedichte in Wilmanns Taschenbuch auf das Jahr 1805 lächerlich.

[Voß, Heinrich]: Jenaer allgemeine Literatur-Zeitung. 1804. Nr. 255. Neue deutsche allgemeine Bibliothek. 1804. Bd. 93, S. 240 ff. (S. B.).

Lehnen Hölderlins Sophocles-Übertragungen ab.

1805   Jenaer allgemeine Literatur-Zeitung. 1805. I. Nr. 104, S. 223 (A . . . s).

Lehnt Taschenbuchgedichte ab.

Der Freimüthige oder Scherz und Ernst. 1805. Bd. I, S. 9.

Gegen Hölderlins Sophocles - Übertragungen, abgedruckt: Das Reich 1916, 433 ff.

Isis, eine Monatsschrift von deutschen und schweizerischen Gelehrten. 1805. Bd. I, S. 287.

Druckt unter Überschrift „Neueste Art und Kunst" ironisch Widmungsworte an Prinzessin Augusta ab.

Bibliothek der redenden und bildenden Künste. 1806. I. S. 150.

Verhöhnt die Sophocles-Übertragungen.

Matthisson, Friedrich: „Lyrische Anthologie". 1806. Bd. XVII, S. 155 ff.

Nimmt willkürlich geändert und gekürzt den „Wanderer" auf. Ein Recensent der Halleschen Allgemeinen Literatur-Zeitung 1807, Sp. 618, wünscht reichere Auswahl Hölderlins.

[Weißer:] Bibliothek der redenden und bildenden Künste. 1807. II. S. 383. Leipziger Literatur-Zeitung. 1807. S. 193. Jenaer Allgemeine Literatur-Zeitung. 1807. Nr. 120, S. 352 (A . . . s).

[Conz:] Hallische Allgemeine Litteratur-Zeitung. 1807. Bd. I, S. 622.

Besprechen Beiträge in Seckendorfs erstem Musenalmanach 1807.

West, Thomas: Das Sonntagsblatt, Wien II 1, 1808, S. 22.

Ein Anonymus bezeichnet Hölderlins „entsetzlich lange Beiträge" in Seckendorfs Almanach als plumpe Nachahmungen und als „wahre Vexiergedichte".

A r n i m u n d B r e n t a n o : Briefe über das neue Theater: Calderon Hyperion. Shakespeare: Die Wünschelrute. 20. März 1808. Nr. 26.

Meusel: Das gelehrte Teutschland. XIV. 1810. S. 156.   1810

Hölderlin (J. C. F.) seit 1807 im Irrhause oder Klinikum zu Tübingen. §§. Die Trauerspiele des Sophocles; übersetzt usw. 2 Bände. Frankf. 1804.

GESAMTE ÄLTERE LITERATUR 1826—1869

[M e n z e l , W o l f g a n g]: Hölderlin. Morgenblatt. 1827. Stuttgarter   1827
Literaturblatt Nr. 16 vom 23. Februar 1827.

Eingehende Kritik von Hölderlins Werken nach der Ausgabe.

„Ein ächter Dichter voll göttlichen Feuers hat seit geraumer Zeit unter uns gelebt und ist nur wenig bekannt geworden, da wir bisher nur einen Roman von ihm, Hyperion, besitzen."

[S c h w a b , G u s t a v]: Friedrich Hölderlin. Blätter für Literarische Unterhaltung. 1. u. 2. Febr. 1827, Nr. 26/27.

Wieder abgedruckt bei G. Klüpfel: Gustav Schwabs kleine prosaische Schriften, 1882, S. 121 f.; voll Wärme und Verständnis.

ARNIM, ACHIM VON: Ausflüge mit Hölderlin. Berliner Conversations-blatt Nr. 31 ff, 1828.

Wichtigster Aufsatz aus diesen Jahrzehnten. Abdruck einer stark entstellten Patmos-Fassung. Kräftiger Hinweis auf letzte Hymnen und Oedipus.

M e n z e l , W o l f g a n g : Die Deutsche Literatur. Stuttgart 1828. II. Band, S. 256 ff.

Erster nachdrücklicher, verständnisvoller Hinweis in der Literatur-geschichte.

Friedrich Hölderlin von — ϑ [M u n d t ?] Der Freimüthige. 1830.   1830
XXVII. Jahrgang, 26. Juni, Nr. 126.

„Wieder ein Name in der deutschen Literatur, der nie gefeiert wurde. ... seit 1826 hat man angefangen, von H. als einen großen Lyriker zu sprechen." Hinweis auf H.'s Kunstreflexion in Sophokles-Anmerkungen: „aus dieser Ansicht vom Tragischen scheinen die dramatischen Scenen Empedokles hervorgegangen zu sein."

Pfizer, Paul: Briefwechsel zweier Deutscher. 1831. S. 135 f.

Hölderlin Beispiel „daß damals die Erzeugnisse der Dichtkunst bei Fülle von Talent und Geist kaum eine Ahnung von Natur und Realität enthalten"! S. auch Biographische Blätter II. 1896, S. 123.

W a i b l i n g e r , W i l h e l m : Friedrich Hölderlins Leben, Dichtung und Wahnsinn. Zeitgenossen 1831. 3. Reihe, III, S. 161—189.

Wieder abgedruckt: Gesammelte Werke, Hamburg 1839, Bd. III, S. 219 ff. Besprochen: Literarische Zeitung, Berlin 27. XII. 1840. Jahrbuch der Literatur, Wien 105, 1844, S. 211, mit einer biographischen Notiz herausgegeben von Eduard Grisebach 1879, dann 1881 bei Reclam. Neudrucke von P. Friedrich 1913, siehe daselbst. E. Trummler 1920, siehe daselbst.

Wertvoll wegen reicher Beobachtungen und Mitteilungen aus Umnachtungszeit zu Anfang der 20ger Jahre; biographische Data darüber hinaus oft falsch, so Deutung des Wahnsinnsausbruches in Folge von Ausschweifung.

Wolfram, Ludwig: Fiedrich Hölderlin. Der Freimüthige. 1832. Nr. 40. 25. Febr. S. 157 ff.

Geistesverwandtschaft mit Hölty. Wahnsinn weniger Krankheit als vollkommener geistiger Ruin.

1835   **[M u n d t , T h e o d o r]: Literarischer Zodiacus. 1835. Bd. I.**

S. 248, nimmt Hölderlin als gestorben an, „einer der größten deutschen Dichter". „Publikum ihm stets fern geblieben". Bd. II, 300, Berichtigung: H. lebt noch im Wahnsinn, unbegreifliches und beispielloses Schicksal.

Schwab, Gustav: Fünf Bücher deutscher Lieder und Gedichte. Leipzig 1835.

S. 403 f. An den Äther. Mit biographischer Bemerkung.

D ö r n e r : Friedrich Hölderlin. Der Gesellschafter oder Blätter f. Geist u. Herz. 2. Nov. 1836. 177tes Blatt.

Sehr warm geschriebener Aufsatz. W e n i g e kennen seinen Namen. Hinweis auf heilige Naturandacht, echtes Griechentum, Der Rhein.

C[hasles], Ph[ilarèthe]: Hölderlin. Revue de Paris.

Mir nicht zugänglich, teilweise übersetzt von:

[Pfizer, Gustav]: Etwas von Hölderlin. Blätter zur Kunde der Literatur des Auslandes. 4. März 1837, S. 75/76.

. Pfizer tadelt Taktlosigkeiten, bekämpft die Behauptung: das Civilisationsungeheuer Paris habe den Dichter zermalmt. Schilderung des wahnsinnigen Hölderlin in Tübingen etwa 1815.

Kausler, Rudolf: Schwäbische Dichterkreise. Der Spiegel. 1837. Nr. 12.

S. 48: „Hölderlin, dessen Bedeutung erst in neuerer Zeit gehörig anerkannt ist."

[K u r z , H e r m a n n]: Gedichte von Hölderlin. Morgenblatt, 30. April 1838, Nr. 409 f.

Guter Aufsatz über Gedichte des Wilmanschen Taschenbuchs 1805, mit Abdruck von „Chiron" und „Hälfte des Lebens". Vgl. J. Baechtold: Briefwechsel zwischen H. Kurz und E. Mörike 1885, S. 81 f. und 84.

Künzel, Hermann: Drei Bücher deutscher Prosa. III. 1838.

Druckt einen Hyperion-Brief ab mit Anmerkung.

Rosenkranz Karl: Ludwig Tiek und die romantische Schule. Hallische Jahrbücher für Wssenschaft und Kunst. 1838. Sp. 1257.

Auch als Sonderdruck, 1839, Studien I, S. 192. Zusammenstellung mit Novalis' „Kunstandacht" 1843.

Herwegh, Georg: Ein Verschollener [Hölderlin]. Die deutsche Volkshalle. 1839. Näheres nicht festzustellen. Wieder abgedruckt: Gedichte und kritische Aufsätze aus den Jahren 1839 u. 1840. Bd. I. 1845, S. 109 ff.

Feiert Hölderlin als Bannerträger neuer Jugend. Vgl. V. Fleury's Biographie, Paris 1911, S. 230 f.

Marggraff, Hermann: Deutschlands jüngste Literatur- und Kulturepoche. 1839, S. 106.

Zitiert aus Kampfeinstellung gegen damaliges Deutschland heraus Hyperions Strafrede. S. 109 Hölderlin an Umgebung und an Deutschland selbst zu Grunde gegangen.

Arnim, Bettina v.: Die Günderode. 1840.   1840

Schildert den erkrankten Hölderlin auf Grund von Erzählungen Sinclairs und Sophocles Anmerkungen. Bd. I. p. 221—29, 241, 259, 339, 414—425. Bd. II. p. 242. Darüber siehe Moriz Carrière: Achim von Arnim und die Romantik, 1841. S. 42. „Hölderlin mit seinem heiligen Wahnsinn, dessen Schilderung zu dem Tiefsten und Gewaltigsten gehört, was irgend deutsche Poesie erschaffen." Derselbe Nord und Süd, 1890, S. 247. Ferner Alexander Jung: Vorlesungen über die moderne Literatur der Deutschen, 1842, S. 116.

Laube, Heinrich: Geschichte der deutschen Literatur. 1840, III. Bd. S. 218 f.

Charakteristische Einschätzung als Romantiker: „still und bewegt, aber ohne Kraft und Bewußtsein". Oden am gelungensten, greifen der vollen Pracht des späteren Platen voraus.

B[iersa]ck C[arl]: Hyperions Erwachen. Telegraph für Deutschland. Hamburg, oct, 1841, nr 165—168.

Eine Art Phantasie.

Mundt, Theodor: Die Literatur der Gegenwart. 1842 = F. v. Schlegels Geschichte der alten und neuen Literatur; II. Teil, S. 84 ff. Wieder abgedruckt: Allgemeine Literaturgeschichte, III. Bd., 1846, S. 160 ff.

S. 85 f. „In Hölderlin merkwürdiges Ringen den modernen Geist in einem natürlichen Einklang mit den hohen Überlieferungen des Altertums darzustellen". „Seher einer großen glücklichen Einheit des Menschengeistes". Nachdrücklichster Hinweis auf den Sophocles und die Anmerkungen.

Jung, Alexander: Vorlesungen über die moderne Literatur der Deutschen. 1842. S. 110.

Über Hyperion.

Carrière, Moritz : Friedrich Hölderlin. Das Vaterland. Zeitschrift für Unterhaltung, Literatur und öffentliches Leben 6./7. Juli 1843. Nr. 158/161.

Schöne Würdigung von Leben u. Werken: „im Geist Bürger des Reichs, das erst begründet werden soll". Hinweis auf Übersetzungen und Anmerkungen.

1843 Kühne, F. Gustav: Hölderlin und sein Wahnsinn. p. 69—86. Der Freihafen. Hrsg. Theod. Mundt, IV., 19, 1843, 301 ff.

Schilderung eines Besuchs bei ihm 1838. Wenig geändert abgedruckt: Deutsche Männer und Frauen, eine Galerie von Charakteren. 1851. S. 161—183.

Schwab, Gustav: Die deutsche Prosa. II. 1843.

S. 8 f. Lebensabriß von H. S. 123 f. „Die Athenienser" aus Hyperion.

Reisebilder von v. E. Gutzkows Telegraph für Deutschland. 1843. Nr. 183, S. 731.

Schilderung eines Besuchs bei dem wahnsinnigen Dichter.

Rosenkranz, Karl : Aus Hegels Leben. Prutz' Literarhistorisches Taschenbuch I. 1843, S. 99 ff. Hegel und Hölderlin. s. a. Hegels Leben 1844.

— Die neuere philosophische u. politische Poesie der Deutschen. Deutsche Vierteljahrsschrift. 1843. III. S. 170 f.

Erwähnt Hölderlin.

Nekrologe: Neue Jenaische Allgemeine Literatur-Zeitung, Nr. 174, 22. VII. 1843. Hallesche Allgemeine Literaturzeitung — Intelligenzblatt, Nr. 43, August 1843, Sp. 357 f. Zeitung für die elegante Welt, 28. Juni 1843. Der Komet, Leipzig, 18. Juni 1843, Nr. 121. Morgenblatt für gebildete Leser, 26. Juni 1843, Nr. 151. Allgemeine Zeitung, Beilage zum 25. Juni 43, Nr. 176 (G. Schwab). Moniteur unversel, Paris 1843, S. 246 (Duesberg). Schwäbischer Merkur, 20./21. Juni 1843, S. 657, 662, 665 [Schwab Gustav]. Neuer Nekrolog der Deutschen, XXI., 1843 [1845], S. 544 ff. (B. Hain).

Gegen „wahrhaft grausames Spiel der öffentlichen Leichenbitter" wendet sich G[ustav] S[chwab]: Telegraph für Deutschland 1843, Nr. 105, S. 426.

Helbig, K. G.: Grundriß der Geschichte der poetischen Literatur der Deutschen. 1844.

Bezeichnet Hölderlin als hellenischen Romantiker.

Opitz, Theodor: Friedrich Hölderlin. Wiegands Vierteljahrsschrift II. 1844, S. 303 ff.

Ausgezeichneter Aufsatz voll klarer Erkenntnis von H's überragender Bedeutung „einer der größten Genien der Nation"; „zwei dünne Bändchen seiner Dichtungen enthalten ganzen Reichtum des Menschengeistes."

— Der geistesblinde Hölderlin. Blätter für literarische Unterhaltung. 1844, 7. Januar, Nr. 8, S. 28.

Polemik gegen Jungdeutsche Nekrologschreiber. H. ein Opfer unseliger Neigung oder auch Liebe für Kunst und Wissenschaft.

M ö n n i c h , W. B.: Friedrich Hölderlin. Album des Literarischen Vereins in Nürnberg. 1845. S. 15 ff.

Guter Aufsatz über sein Dichtertum: geistiger Heroe, Prophet, Lehrer seines Volkes. Vergleich mit Okens Naturphilosophie, Creuzers Symbolik, Schellings Göttern an Samotrake; schließt mit Ansicht, H. sei am unlösbaren Widerspruch mit der Welt gescheitert.

Hillebrandt, J.: Die deutsche Nationalliteratur. III. Bd. 1846. S. 121.

Gute Bemerkungen über Hölderlin.

H[elbi]g: Friedrich Hölderlin. Beilage zur Allgemeinen Zeitung, 13. Januar 1847, S. 105.   1847

Zu wenig beachteter Dichter, durch und durch Romantiker ganz besonderer Art, oft überspannte Idealität der Anschauung und des Ausdrucks.

H e l b i g , K. G.: Friedrich Hölderlin. Blätter für litt. Unterhaltung. 1847. 1. u. 2. März.

Anzeige von Schwab, längerer guter Essay. Zwar dankt er für mühselige Arbeit des Entzifferns, aber die geringere und erfreulichere Mühe einer noch zweckmäßigen und sorgfältigeren Redaktion des Materials hätte er sich nicht ersparen sollen.

Menzel, Wolfgang: Hölderlin. Litteraturblatt zum Morgenblatt, 22./27. April 1847.

Aufsatz anläßlich Schwabs Ausgabe.

T e u f f e l , W. S.: Hölderlin. Monatsblätter der Augsburger Allgemeinen Zeitung. 1847. Febr. S. 61—72.

Studien und Charakteristiken zur griechischen und römischen sowie zur deutschen Literaturgeschichte. Leipzig 1871, S. 473 ff. In der 2. Auflage 1889 fehlt der Aufsatz über Hölderlin. Vergleiche auch Teuffels lange Kritik der Schwabschen Ausgabe in der Neuen Jenaischen Allgemeinen Literatur-Zeitung, 20./21. Juli 1847, Nr. 172/3.

Vischer, Friedrich Theodor: Aesthetik. 1847. Bd. II, S. 56, 386, 392. Bd. III, S. 1345 f., 1350 f.

Rechnet Hölderlin zu „passiven weiblichen Genies", die wirkliche Welt nicht ertragen können.

M[inkwitz, ?] J.: Friedrich Hölderlin. Lebens- und Bildungsgang. Poetische Werke. Berliner Literarische Zeitung. 1847. Nr. 24 u. 26, 20./27. März.

Im Gegensatze zu Schiller war es H. glühender Ernst mit seiner Liebe zum Griechentum, in das er mit ahnender Erkenntnis tiefer eindrang als Frühere.

„Ein Poet, durch seine Persönlichkeit und Schicksale ebenso bedeutend wie durch seine dichterischen Bestrebungen und Leistungen." Sympatischer Aufsatz mit Betonung, daß H. im Lauf seiner Entwicklung gehemmt ward. Eingehende Anzeige von Schwabs Ausgabe, Nr. 26.

Arnim, Bettina von: Jlius Pamphilius und die Ambrosia. 1848. II. S. 99. Bd. II, S. 378.   1848

Nathusius schildert Besuch bei dem irren Hölderlin. S. 380 ff. schildert Eindruck seiner sog. Wahnsinnsgedichte.

Graeße: Handbuch der allgemeinen Literaturgeschichte. 1848. Bd. III.
S. 721 u. 746.

Über Hölderlin, namentlich Hyperion, der mit Meyerns Dya-Na-Sore zusammengestellt wird.

JUNG, ALEXANDER: Friedrich Hölderlin und seine Werke. Mit besonderer Beziehung auf die Gegenwart. 1848.

Bedeutendstes Werk über den Dichter für lange Zeit. Als Motto bemerkenswerter Ausspruch der Karoline von Woltmann. Fortlaufende
Besprechung der Dichtungen nach Schwabs Ausgabe.

Hallensleben : Beiträge zur Charakteristik Hölderlins. Programm
des Gymnasiums Arnstadt. 1849.

Gute Ausführungen: kräftiger Hinweis auf Jugendhymnen. „Deutschnaives Oxymeron" spricht von Hölderlins „klassischer Romantik". Besprochen: Jahrbücher für Philologie und Pädagogik. Leipzig. Bd. 56.
1849, S. 312. Warnung der Jugend vor Hölderlins Verirrungen!

Zeising, A.: Besprechung von Alex. Jung: Hölderlin. Blätter für
literarische Unterhaltung. 28. XII. 1849.

H. verdient einen weit wichtigeren Platz, als ihm bisher bei seinen niemals wirklich ins Volk gedrungenen Leistungen eingeräumt ist. Wertvolle Kritik!

1850   Hettner, Hermann : Die romantische Schule in ihrem inneren Zusammenhange mit Goethe und Schiller. 1850.

S. 42 f: H. kommt wie Jean Paul Tieck und Novalis aus lauter Idealität
und Empfindung nirgends zu einem faßlichen anschaulichen Gegenstande.
S. 44: Verzweiflung über Zeit und Volk fehlt realistisches Gegengewicht
wie Jean Paul es besaß.

Menzel, Wolfgang : Deutsche Dichtung III. Band o. J. S. 256.

„Der Weltschmerz Mensch bleiben zu müssen. wo man Gott sein
möchte, verzehrt ihm", „trauerte tief um sein Vaterland", „der Rhein, das
bewunderungswürdigste Lied. gewiß das schönste unter all den unzähligen".

Scherr, Johannes : Allgemeine Geschichte der Literatur. 1850.

Kräftiger Hinweis auf späten Hölderlin. „seine Lyrik wird erst in der
Zukunft ihre volle und gerechte Würdigung finden."

Schenckel, J.: Deutsche Dichterhalle des XIX. Jhts. Bd. II, 1851.
S. 5 ff—26.

Biographie und nicht schlechte Gedichtauswahl.

Köpke, Ernst: Charlotte von Kalb. Ihre Beziehungen zu Schiller und
Goethe. Berlin 1852.

Über Hölderlin. S. 129—137.

1853   Günther, Friedrich Joachim: Die deutsche Literatur in ihren Meistern.
Halberstadt 1853, S. 450 f.

Unglücklich. wahnsinnig. hab dichtend und philosophierend den Frieden
nicht gefunden. kann darum auch trotz seiner begeisterten Naturschilderungen und trotz des Gedankeninhalts seiner schönen Verse dem Leser
nur Anregungen. nicht reinen Genuß gewähren.

L[i e b r e c h t], G.: Hölderlin. Gutzkows Unterhaltungen am häuslichen Herd. II. 1854. S. 145 ff.

Versuch Wahnsinn zu deuten. Vergleich mit Hamlet und Beethovens Symphonien.

Scherr, Johannes: Hölderlin und Shelley. Dichterkönige. Leipzig 1855. S. 401 ff.

Kurze warme Biographie und Abdrucke von 6 Gedichten. „Hölderlin stellt sich als Lyriker Goethe und Schiller ebenbürtig zur Seite."

Cholevius, C. L.: Geschichte der deutschen Poesie nach ihren antiken Elementen. II. Bd. 1856. S. 422 ff.

Gute Gedanken neben Mißverständnis. „war Romantiker als Hellenist". In Oden und Elegien. die zum Vollendesten der Dichtung gehören. durchsichtige Klarheit. zarte Umrisse und Schmelz der südlichen Natur.

Jügel, Carl: Das Puppenhaus, ein Erbstück der Gontardschen Familie. Bruchstücke aus den Erinnerungen und Familienpapieren eines Siebenzigers; für den Verfasser als Manuskript gedruckt, herausgegeben von der Frankfurter Schillerstiftung. 1857. S. 385/90.

Bringt Nachrichten über Diotima und die Schlußscene in Frankfurt nach Gontardscher beschönigender Familientradition. Neudruck von Pfeiffer Belli. Frankfurt 1921.

Ring, Max: Hölderlin. Gartenlaube. 1859. Nr. 12, S. 164. Wieder abgedruckt Lorbeer und Cypresse. Literaturbilder. Berlin 1869, S. 87 ff.

Schildert Besuch bei dem wahnsinnigen Dichter. bezeichnet ihn als „einen der bedeutendsten Dichter. die Deutschland besessen.

H a r t m a n n , M o r i t z : Eine Vermutung. Freya. Illustr. Familienblätter. Stuttgart. I. 1861. S. 105 ff.   1861

Wieder abgedruckt: Gesammelte Werke. Bd. X. 1874. S. 415 ff. In neuerer Zeit von Friedrich Seebaß: Das Reich. Januar 1919. S. 98 ff. „Hölderlin in Frankreich". mit Nachweis. daß es sich in der Tat um ein Erlebnis des von Bordeaux zurückkehrenden Hölderlin auf einem französ. Schlosse bei Blois handelt. Wichtige Äußerungen über Unsterblichkeit u. a.

Belli-Gontard: Kurze Berichtigung einiger Irrthümer in Heribert Raus culturhistor. Roman „Hölderlin". 1862. Didascalia. Frankfurt 1862. Nr. 62.

Darauf Erwiderung:

Rau, Heribert: Pater peccavi. ib. Nr. 129.

Reinhard, Aimé: Justinus Kerner u. d. Kernerhaus. Tübingen 1862. p. 33.

Kurz über Kerners Verhältnis zu Hölderlin.

Mörike, Eduard: Erinnerung an Friedrich Hölderlin. Freya. Illustrierte Blätter für die gebildete Welt. III. 1863. S. 337 f.

Bringt Schreiners Zeichnung mit Beschreibung. Abdruck von An eine Verlobte und An Zimmern. und wertvolle Bemerkungen dazu.

Notter, Friedrich: Ludwig Uhland. Sein Leben und seine Dichtungen. 1863. S. 237 ff.

Wertvolle Äußerungen Uhland's über Hölderlin.

[Schwab, Christoph]: Neu aufgefundene Jugendgedichte Hölderlins. Morgenblatt 1863. S. 793 f. u. 827 f. 20./27. August.

Kurzer Essai über den Dichter, dann fortlaufend kommentiert aus der Manuskriptensammlung Carl Künzels ganze oder teilweise Wiedergabe von „Die Meinige", „An die Nachtigal", „An meinen B.", „Die Stille", „Die Unsterblichkeit der Seele". „Die Ehrfurcht". „Kampf der Leidenschaft". „Burg Tübingen".

Stieglitz, Heinrich: Eine Selbstbiographie. 1865. S. 221 f.

Charlotte meint „Ihm fehlen alle Mittelstufen, dazu noch ganz und gar der Humor".

Sch[udt], G.: Hölderlin und Sinclair. Der Taunusbote. IV. 1865. Nr. 25. 18. Juni. [Fortsetzung mir nicht bekannt].

Müller, David: Friedrich Hölderlin. Eine Studie. Preußische Jahrbücher. XVII. Maiheft 1866. S. 548 ff.

Neben guten Bemerkungen typische Mißverständnisse: ihm fehlt glücklicher Leichtsinn: sein Wesen sei romantisch, weiblich: Liebe zu Griechenland krankhaft. Verwandtschaft mit Jean Paul und Shelley.

Challemel-Lacour, P.: Revue des deux mondes. 15. Juin 1876, S. 955. La poësie païenne de Allemange au XIX. siècle. — F. Hölderlin.

..., „un des plus éminents de l'Allemagne" la place de H. est parmi les grands lyriques, non pas seulement de son pays mais de tous les temps ... gardiens des traditions, interprète des pensées divines, chanteur des puissances d'en haut."

Hoffner, Wilhelm [Dilthey]: Hölderlin und die Ursachen seines Wahnsinns. Westermanns ill. deutsch. Monatshefte. 1867. S. 155 ff.

Hinweis auf Tasso. Lenau. Schumann: betont die mächtige Wirkung gewisser Zeitstimmungen auf H's geistig körperliche Organisation. Hinweis auf späte Lyrik. Sophocles Übertragungen mit Anmerkungen. „Sein großes Genie hat noch nicht die ihm zukommende Stellung in der Anerkennung. besonders aber in der Kenntnis und dem Interesse der deutschen Nation erlangt".

GESAMTLITERATUR VON 1870—1890.

1870 G[winner], W[ilhelm]: Hölderlin und die deutsche Lyrik. Allgemeine Zeitung, 6. März 1870. Beilage Nr. 65.

Kräftiger Hinweis überhaupt auf Lyrik, Kenntnis der theoretischen Grundlagen bei Hölderlin.

Hamel, J. G.: Hölderlin.

Ein Vortrag bei Hölderlinfeier am 19. März 1870 in Homburg v. d. H. Bericht Frankfurter Zeitung 21. III. 1870. ein Aufsatz von Hamel in der Didascalia, erwähnt im Schwäbischen Merkur 2. Februar 1870, war mir nicht erreichbar.

Haym, Rudolf: Die Romantische Schule. 1870. S. 289 ff.

Hölderlin als „Seitensproß der Romantik" ausführlich und eindringend behandelt.

Kuh, Emil: Friedrich Hölderlin u. seine Genossen. Neue freie Presse. 1870, 23. April. Wieder abgedr. in dessen „Kritischen und literarhistorischen Schriften". Schriften des liter. Vereins Wien. Bd. XIV. 1910. S. 296—308.

Unter den Genossen versteht K. Wackenroder. Novalis. Kleist. G. Büchner. O. Ludwig. Hebbel.

Rullmann, Wilhelm: Hölderlins Diotima. Dohm u. Rodenberg, der Salon für Literatur, Kunst und Gesellschaft. VI. 1870. S. 351 ff.

Legende von dem Wahnsinnsausbruch auf Nachricht von Diotimas Tod. Nur auf Jügel und Rau fußend. ganz schlechtes Doppelporträt Hölderlins und Diotimas.

Springer, Rudolf: Ein gestürzter Titian. Erinnerung an Friedrich Hölderlin bei seiner Säkularfeier. Die Gartenlaube. 1870. Nr. 17, S. 260 ff.

Wellmer, Arnold: Zertrümmert. Licht- und Schattenbilder aus einem Dichterleben [Hölderlin]. Über Land und Meer. 1870. Nr. 26, S. 477 ff.

Belletristisch. liebenswürdiges Nichts. mit einer Zeichnung von Lauffen am Neckar.

— Die Poesie des Weltschmerzes und H. Heines Nachlaß. Allgemeine Zeitung. Beilage zum 27. II. 1870, S. 886.

Weltschmerz schon bei Hölderlin!!

Zur 100jährigen Geburtstagsfeier Fr. Hölderlins von λλ. Beilage zur Allgemeinen Zeitung, 20. März 1870.

Elegischer Weltschmerzdichter. Dissonanz seiner inneren und äußeren Welt. durch den Zwiespalt zwischen seinem Ideal und der wirklichen Welt ging er zugrunde.

— Hölderlin in Frankfurt von Th. M. Frankfurter Tageblatt, Beilage zum 24./25. März 1870.

Auf Grund von Carl Jügels Puppenhaus. „Auch Briefe erhielt er von seiner Diotima. Briefe voll Zartheit und Tiefe. in denen kein Ausdruck sich fand. der von einer unreinen Flamme hätte zeugen können. die nur der Ausfluß einer idealen Neigung verwandter Seelen waren."

Friedrich Hölderlin. Schwäbische Kronik, den 20. März 1870, Nr. 67.

Sympathischer Aufsatz wohl von Schwab.

S c h w a b , C h r i s t o p h T h e o d o r : Beiträge zur Biographie Hölderlins. Westermanns illustrierte deutsche Monatshefte XXX. 1871. S. 650 ff.

Dort Hinweis auf Hamels Aufsatz in „Didascalia" mir nicht zugänglich.

Stadelmann, Heinrich: Zur Erinnerung an F. Hölderlin. Blätter für das Bayer. Gymnasialwesen. VII. 1871. S. 104 f.

W i l b r a n d t , A d o l f : Hölderlin, der Dichter des Pantheismus. Riehls Historisches Taschenbuch. 1871. Bd. 41, S. 371.

Wieder abgedruckt: Gespräche und Monologe. 1889. S. 71 ff. Ferner: Friedrich Hölderlin. Fritz Reuter. Bettelheims Geisteshelden Nr. 2/3. 1890 besprochen Allgem. Zeitung 19. VI. 96. — H. mit niemand als sich selbst zu vergleichen. verhängnisvoll reizbarer Organismus; das Reichste und Beste seiner Persönlichkeit in den Empedokles hineingedichtet.

Lindenberg, Heinrich: Friedrich Hölderlin. Lübeck 1872, als 11. Bericht der Lübecker Schillerstiftung.

> Nach einem Vortrag gehalten am 10. November 1871. „Romantiker durch und durch — Griechische Form mit deutscher Innigkeit und Gemütstiefe erfüllt." Sonst mancher gute Gedanke.

Belli-Gontard, Marie: Lebenserinnerungen. Frankfurt 1872. S. 61.

> S. 44 f. anschauliche Schilderung Diotimas. „Keiner war so freundlich gegen uns Kinder, als Hölderlin."

Carrière, Moriz: Das Weltalter des Geistes im Aufgange. 1873. S. 395 ff.

> Über Hölderlin: Bruch zwischen innerem, poetisch gestalteten Ideal und gemeiner Wirklichkeit über Lyrik: „es ist, als ob Hölderlin immer wie zum ersten Male die Welt erblickte und von Staunen über das große Wunder des Seins ergriffen würde." Vergleich des Hyperion mit Werther, des Empedokles mit Faust. Siehe auch Carrière: Gesammelte Werke 1886, Bd. IX, S. 409 f., ferner Die Poesie 1884, S. 370, 399, 407, 433.

N i e t z s c h e , F r i e d r i c h : Unzeitgemäße Betrachtungen. 1873. I—III.

> Gegen F. Th. Vischers Hölderlin-Auffassung; zitiert wichtige Briefstelle über Laertius Diogenes und sagt, Kleist und Hölderlin verdarben in ihrer Ungewöhnlichkeit und hielten das Klima der sog. deutschen Bildung nicht aus. Nach der Taschenausgabe Bd. II. S. 18 f.. 167 f., 228 f. Gelegentliche Erwähnung Menschliches Allzumenschliches I.

Vischer, Friedrich Theodor: Hölderlin-Rede bei Enthüllung des Denkmals in Lauffen: Bericht der Neckar-Zeitung, 21. Mai 1873. Heilbronner Unterhaltungsblatt.

Wellmer, Arnold: Friedrich Hölderlin. Fürs Deutsche Reich. 1873. S. 76 ff.

Dittmar, Gottlob: Die Klassiker der deutschen Nationalliteratur. 1874. Hölderlin, S. 65 ff.

Rehfues, Ph. J. von: Bilder aus dem Tübinger Studentenleben, mitgeteilt von A. Kaufmann. Zeitschrift für deutsche Kulturgeschicht. NF. III. 1874. Heft 2.

> Schildert Hölderlin im Stift bei Musikaufführungen: fraglich, ob aus treuer Erinnerung.

Scherer, Wilhelm: Friedrich Hölderlin. Vorträge und Aufsätze. Berlin 1874. (S. 352) 346 ff.

> „Hölderlin war kein Plastiker". „es fehlte ihm die sichere Herrschaft über die verschiedenen Vorstellungskreise der Seele". daneben auch gute Bemerkungen.

Wohlwill, Adolf: Weltbürgertum und Vaterlandsliebe der Schwaben. 1875. S. 48 ff.

> Gute leider zu knappe Bemerkungen.

K l a i b e r , J u l i u s : Hölderlin, Hegel und Schelling in ihren schwäbischen Jugendjahren. Eine Festschrift zur Jubelfeier der Universität Tübingen. Stuttgart 1877. S. 9—60 Friedrich Hölderlin s. a. S. 206 ff.

> Wohlbewanderte Schilderung damaliger Stiftsverhältnisse. H. mit Tasso verglichen. wegen Verbindung von Gefühlsinnigkeit und philosophischen Tiefsinn mit phantasievoller, intuitiver Seele.

Ziegler, Theodor: Friedrich Hölderlin. Studien und Studienköpfe aus der neueren und neuesten Literaturgeschichte. 1877. S. 114 ff.

Manche Schiefheiten darin.

Schwartz, Karl: Landgraf Friedrich V. von Hessen-Homburg und seine Familie. 1878. Bd. I, S. 101 ff.

Bringt Wichtiges über Beziehungen Hölderlins zum Landgräflichen Hof.

Fischer, Hermann, Sieben Schwaben. 1879. S. 63 ff. F. Hölderlin.

Mit Illustration von A. Fitger zu Hölderlins Gedicht Achill.

Volkelt, Johannes: Friedrich Hölderlin. Im neuen Reich, hgb. von W. Lang. 1880. II. Nr. 37, S. 377 ff. 　1880

S. 398. H. ein heiliger Märtyrer der Menschheit, ein Mahner an den tragischen Charakter des Weltschicksals. Er ist schuldvoll: denn er besaß nicht die Kraft, die Seite des Endlichen und Zufälligen positiv in sich zu verarbeiten.

W o h l w i l l , A d o l f : Hölderlin. Allgemeine deutsche Biographie. XII. Bd. 1880. S. 728 ff. Nachtrag Bd. XXXIII, 1891, S. 796 mit Berichtigungen.

Für damalige Zeit gute Zusammenfassung.

Fischer, Johann Georg: Hölderlin. Schwäbische Kronik, 8. Juli 1881. Nr. 159, S. 1256.

Über Verkehr mit Hölderlin im Jahre 1841—1843 Gespräche. Gedicht „Der Zeitgeist".

Köstlin, Karl: Rede am Abend der H.-feier in Tübingen am 30. Juni 1881. Literarische Beilage des Staatsanzeigers f. Württemberg, 5. August 1881, Nr. 13, S. 193 ff.

Waldmüller, Robert: Hölderlin und Diotima. Im neuen Reich 1881. II. Nr. 30, S. 131—136.

Wolff, Oberstleutnant von: Rede bei der Hölderlinfeier, mitgeteilt Tübinger Chronik, 3. Juli 1881 und Schwäbische Kronik, 5. Juli 1881.

Schildert aus persönlicher Kenntnis mit lebendigen Einzelheiten Hölderlin im Zimmerschen Hause.

— Die Hölderlinfeier in Tübingen am 1. Juli 1881. Tübinger Chronik 1881, Nr. 151/2, 2./3. Juli.

Abdruck der Reden von Christoph Schwab, Köstlin, Notter, von Wolff.

— Joh. Chr. Fr. Hölderlin. Tübinger Chronik, 30. Juni 1881, Nr. 149.

Wohl von Köstlin.
Dichterisches Genie von seltener Begabung, durch widrige Geschicke nicht zu seiner vollen Entfaltung gelangt.

— Einweihung des Hölderlin-Denkmals in Tübingen. Schwäbische Kronik, 2./3. Juli 1881, S. 1214 und 1227 und 1421.

Mitteilung der Verse von Hamerling. Reden von Chr. Schwab und des Schultheiß Gös.

Fischer, Joh. Georg: Friedrich Hölderlin. Vortrag im Kaufmännischen Verein 1882, Stuttgart. Abgedruckt: Besondere Beilage des Staatsanzeigers für Württemberg 1883, 31. Aug., 29. Sept., Nr. 12/13.

Gibt Schilderung von Zeitgenossen über den Dichter H. Beobachtungen seines Geisteszustandes 1841—43. Hinweis auf Fragmente in Waiblingers Phaeton.

Schudt, G.: Hölderlins Aufenthalt in Homburg. Vortrag gehalten im Verein für Geschichte und Alterthumskunde in Homburg am 11. Nov. 1882.

Erwähnt von Kelchner. Siehe den folgenden Titel.

1883   Kelchner, Ernst: Friedrich Hölderlin in seinen Beziehungen zu Homburg vor der Höhe. Nach den hinterlassenen Vorarbeiten des Bibliothekars J. G. Hamel bearbeitet. Homburg 1883.

I. Abschnitt von G. Schudt: Das Hölderlin-Denkmal in Homburg und seine Enthüllung am 28. Juli 1883. Wiedergabe der Stiftungsurkunde von Reden des Gymnasiallehrers Fröling und J. G. Fischers. Dann eigentliche Arbeit mit vielen Briefen Hölderlins in die Heimat und Schreiben Sinclairs an Hölderlins Mutter und Promenoria an den Kurfürsten. Anhang einige Gedichte Hölderlins. Viel, aber nicht durchgearbeitetes Material.

Mensch, Hermann: Der Pantheismus in der poetischen Literatur der Deutschen im 18./19. Jht. Gießen 1883. Beilage des Realschulprogramms.

Hyperion von Schellings Ansicht über Weltseele hervorgerufen! Hie deutscher Naturalismus.

Simson, Eugen: Hölderlin. Ein Gedenkblatt.

Manuskript in Stuttgarter Hölderlinpapieren. Ort der Veröffentlichung mir unbekannt. 1883.

Husen, L. von: Chr. Fr. Hölderlin und die Musik. Neue Musikzeitung XIV, 1884, S. 152 f., 164 f.

Vergleich des Tristan von Wagner mit Hyperion.

Windelband, Wilhelm: Über Friedrich Hölderlin und sein Geschick. Präludien. 1884. S. 146 ff.

Nach einem Vortrage, Freiburg, Nov. 1878.

Sauer, August: Ungedruckte Dichtungen Hölderlins. Schnorrs Archiv 1885, Bd. XIII, S. 358 ff.

1. Jugendgedichte S. 359—380. 2. Die älteste Fassung des Hyperion. Hyperions Jugend S. 380—387. Mitgeteilt aus Wilhelm Künzels Besitz.

Wirth, Robert: Vorarbeiten und Beiträge zu einer kritischen Ausgabe Hölderlins. Programm. Plauen i. V. 1885.

Als Fortsetzung dazu erschienen:

Beiträge zur Kritik und Erklärung Hölderlins. Schnorr's Archiv für Literaturgeschichte, Bd. XIV u. XV.

1886, XIV. Bd., S. 299, I. Die Gedichte des britischen Damenkalenders 1800, S. 303, II. An die Hoffnung, S. 429, III. Der Tod fürs Vaterland.

1887, XV. Bd., S. 310, IV. Griechenland. Vgl. Hölscher: Herrigs Archiv, Bd. 75, 1886, S. 212 f. Die Wirthschen Arbeiten durch Spürsinn und philologische Genauigkeit ausgezeichnet.

— Zur Aufklärung von Hölderlins Katastrophe. Allgemeine Zeitung, 23. XII. 1886.

Hinweis auf Litzmanns Mitteilung, Schnorrs Archiv 15:

L i t z m a n n , C a r l : Neue Mittheilungen über Hölderlin. Schnorrs Archiv für Literaturgeschichte, XV, 1887, S. 62 ff.

Widerlegt Ansicht, daß H. in Bordeaux die Nachricht von Diotimas Tode erhalten habe, durch Paßvisum. Wichtige Mitteilungen über die H. Papiere im Hamelschen Nachlaß zu Homburg mit Drucknachweisen. S. 452 f. Nachtrag über Frage, ob H. über Paris zurückkehrte, was für unwahrscheinlich erklärt wird.

Brandes, Georg: Die Literatur des XIX. Jhts. in ihren Hauptströmungen. 2. Bd. Leipzig 1887. S. 44 ff.

B a e c h t o l d , J a k o b : Hölderlin in der Schweiz. Seufferts Vierteljahrsschrift I, 1888, S. 269 ff.

Druckt zwei unveröffentlichte Briefe Hölderlins an Mutter und Schwester aus Hauptwyl ab und ein Schreiben Gonzenbachs an Hölderlin vom 11. IV. 1801, das die Ursache von H's Fortgang aus Hauptwyl erklärt.

Fischer, Hermann: Klassicismus und Romantik in Schwaben. Festschrift zum 25. Regierungsjubiläum des Königs Karl, 1889, S. 8, über Hölderlin

„Der größte Jünger der Antike, den Deutschland überhaupt gesehen hat."

F i s c h e r , J o h. G e o r g : Aus Friedrich Hölderlins dunklen Tagen. Deutsche Revue 1889, III, S. 86 ff.

Gibt Schilderung des Dekans M. Maier in Ulm wieder über Hölderlin im Stift: Bericht vom ersten Besuch im Jahre 1841 bei H. mit wertvollen Einzelheiten.

L i t z m a n n , C a r l : Hölderlin-Studien. Seufferts Vierteljahrsschrift für Literatur-Geschichte II, 1889, S. 407 ff.

1. Zur Entwicklungsgeschichte des Hyperion. 2. Die Diotima-Briefe. 3. Einladung an Neuffer. 4. Das Drama König Agis. Sind auch als Sonderdruck erschienen. Weimar, Hofbuchdruckerei.

Fischer, Hermann: Hölderlin. Beil. zur Allgem. Zeitung, München 1890, Nr. 274 f. 3./4. Okt.   1890

Eingehende Besprechung von Litzmanns „Briefen" und warmherzige Anerkennung, dann folgt Lebensbeschreibung.

LITZMANN, CARL C. TH.: Friedrich Hölderlins Leben. In Briefen von und an Hölderlin. Bearbeitet und herausgegeben. Mit einem Bilde der Diotima nach einem Relief von Ohmacht. Berlin 1890.

Grundlegendes biographisches Werk.

Besprochen: Anzeiger für deutsches Altertum, XVII, 1891, S. 314. (H. W a l z e l .) Literarisches Centralblatt, 1891, Nr. 12. Historische Zeitschrift, Bd. XXXII, N.F. 1892, S. 359 f. (K ö s t e r). Hamburger Fremdenblatt, 1890, Nr. 151 und 162 (Lemmermayer). Auch die im Folgenden aufgeführten Aufsätze sind z. T. Besprechungen dieses Werkes.

Walzel am Schluß seiner eindringenden Besprechung: Das Buch sei neuer und schlagender Beweis für den Mangel jeglicher Beziehung zur Romantik.

Kuhlenbeck, L.: Diotima. Deutsches Dichterheim. 17. Nr. 20. 1890.

Widmann, J. V.: Friedrich Hölderlins Leben. Magazin für Literatur des
In- und Auslandes 60 (1890), S. 5—8.

Frenzel, Karl: Friedrich Hölderlins Leben. Nationalzeitung vom 9., 15.,
18. August 1890.

Werner, Richard Maria: Lyrik und Lyriker 1890, über Hölderlin S. 200 f.,
S. 442.

Wilbrandt, Adolf: F. H. und Fritz Reuter. Bettelheims Geisteshelden,
2./3. Bd. Dresden 1890. 1896².
    Mit Bildnis der Diotima nach Büste! Neudruck des früheren Aufsatzes.

Grisebach, Eduard: Das Goethesche Zeitalter der deutschen Dichtung.
1891. S. 116 über Hölderlin.
    „Er schuf die schönsten Oden seit Alcäus und Horaz, er erst assimilierte
    uns die Odenform wirklich."

Hummel, F.: Ein trauriges Zusammentreffen Schellings mit Hölderlin.
Besondere Beilage des Staatsanzeigers für Württemberg 1891, Nr. 16,
S. 256 f.
    Nach Schellings Brief an Hegel vom 14. Juli 1804 ohne Neues.

Lemmermeyer, Fritz: Ein Dichter des Leids [Hölderlin]. Blätter für
literarische Unterhaltung, 14. Mai 1891, Nr. 20.
    „H. merkwürdiges Beispiel von individialistischem und symbolischem
    Dichter; seine Dichtung ist süße, traumselige Dämmerung"!! Bespricht:
    Litzmann.

Paetow, Walter: Hölderlins Leben. Sonntagsbeil. zur Voss. Zeit. 1891.
19. April (Nr. 16).

Salomon, L.: Hölderlin und Diotima. Illustrierte Zeitung 1891, 97. Bd.,
S. 710.

Servaes, Franz: Friedrich Hölderlin. Die Nation, VIII, S. 244 ff., 265, 1891.

Gödeke, Karl: Grundriß zur Geschichte der deutschen Dichtung. 2. Aufl.
V. 1893. S. 469 ff.
    Mit Bibliographie.

Hanstein, Albert von: Friedrich Hölderlin. Ein Gedenkblatt zum 7. Juni
Feuilleton-Zeitung 1893 (?), Nr. 465, s. auch Didaskalia Nr. 131.
    Mir unzugänglich; nach Lange.

Müller - Rastatt, Carl: Aus dem Nachlasse von Friedrich Hölderlin.
Blätter für litterar. Unterhaltung 1893, Nr. 27.

Müller-Rastatt: Aus Friedrich Hölderlins Schülerjahren. Stuttgarter
Neues Tagblatt, 18. Juni 1893.

Müller-Rastatt: Friedrich Hölderlin. Zum 50jährigen Todestage. Vom
Fels zum Meer. XII. 2. Bd., 1893, S. 303 ff.

Olper, Franz: Friedrich Hölderlin. Münchener Neueste Nachrichten,
7. Juni 1893.

Winterfeld, Alex. von: Hölderlin als Erzieher. Stuttgarter Neues Tagblatt, 6. Juni 1893, Nr. 129.

Weltfremde. der Wirklichkeit abgewendete. höchst reizbare und empfindliche Natur. Mußte unfehlbar Schiffbruch leiden. Erscheinung von wehmütig hohem Reiz!! Schildert die vier Hauslehrerstellungen.

Winterfeld, Alex. von: Friedrich Hölderlin und die Frauen. Illustrierte Frauenzeitung XX. 11, 1. Juni 1893.

Schilderung von H's Verhältnis zu seiner Mutter und Großmutter. Luise Nast, Elise Lebret (hier falsch als „„Melytta" bezeichnet), Frau v. Kalb, Diotima, sehr hausbacken.

Winterfeld, Alex. von: Friedrich Hölderlins Verhältnis zu Goethe und Schiller. Blätter für literarische Unterhaltung, 1. Juni 1893.

U. öfters; wertlos.

Winterfeld, Alex. von: Hölderlin in Frankfurt. Frankfurter Zeitung, 7. Juni 1893, Nr. 156, 1. Hgb.

Schildert auf Grund der bekannten Briefstellen H's Liebe.

W[interfeld], A[lex]. v[on]: Friedrich Hölderlin. Zu seinem 50. Todestage. Schwäbische Kronik, 7. Juni 1893, Nr. 130.

Lebensabriß. Motto „Still und bewegt". Rahel nach Hyperion.

— Friedrich Hölderlin zu seinem 50. Todestag von A. G. Beilage zur Augsburger Postamtszeitung, 27. Juli 1893, Nr. 30/31.

Müller-Rastatt, Carl: Friedrich Hölderlin. Sein Leben und seine Werke. Mit einem Anhang ungedruckter Gedichte Hölderlins. Bremen 1894.

Wenig tiefdringende Biographie. Wichtig ist Fischers Besprechung. Bespr.: Vossische Zeitung. 3. Juni 1894. Nr. 22 (K. Busse). Stuttgarter Neues Tagblatt. 19. Dezember 1893. Nr. 297. Schwäbischer Merkur. 1893. Nr. 298 (Krauß). Anzeiger für deutsches Altertum. XXII. S. 213 f. (H. Fischer). Österreich. Literatur-Blatt. V, 1893. S. 173 f. (Kralik).

Pröll, K.: Einsamer Wipfelsang. [F. Hölderlin]. Kalender aller Deutschen 1894, S. 201/6.

Mir unzugänglich; nach Lange.

Sauer, August: Friedrich Hölderlin in Frankfurt. Didascalia, Beilage zu den Frankfurter Nachrichten 1894, Nr. 164.

Sauer, August: Friedrich Hölderlin in Homburg. Frankfurter Zeitung 1894, Nr. 37, 6. Februar, Abendbl.

Über Denkmal: Wohnung Hölderlins im Hinterhause der jetzigen Haingasse 8. I. Stock.

S a u e r , A u g u s t : Friedrich Hölderlin. Sammlung gemeinnütziger Vorträge. Prag 1894, Nr. 189.

Trotz mancher falschen Urteile wichtig: betont Goethes Einfluß und innere Verwandtschaft. „H. ist einer der begeistertsten Vorkämpfer für die Freiheit und Größe. für die Macht und Ehre seines Vaterlands gewesen."
Wieder abgedruckt: A. Sauer. Gesammelte Reden und Aufsätze. 1903. S. 124 ff. Der urspr. Vortrag wurde 1885 in Graz gehalten. umgearbeitet nach dem Erscheinen von Litzmanns Werk 1890.
Besprechungen: Preußische Jahrbücher Bd. 82. 1895. S. 540 ff. (O. Har-

nack). Deutsche Literatur-Zeitung 1894, Sp. 1134 f. (Jakoby). Literaturblatt für german. Philologie 1904, S. 395 (Sulger-Gebing). Literarisches
Echo, V. S. 1008.

1895 Wille, Bruno: Hölderlin. Vortrag in der Literarischen Gesellschaft Hamburg, 27. April 1894.

> Bericht: Hamburger Nachrichten, 29. April 1894. „Scheinbar wenig ak-
> tuelles Thema: Hölderlin wieder modern wie Böcklin."

Harnack, Otto: Friedrich Hölderlin. Preußische Jahrbücher 82, 1895,
S. 375 ff., S. 540 f.

> Lobende Anzeige von A. Sauers Vortrag, mit Betonung des Klassischen:
> falsche Auslegung der Krankhaftigkeit u. ihre Folgen.

Krauß, Rudolf: Mörike über zeitgenössische Dichter und Schriftsteller.
Schwäbische Chronik 1895, Nr. 174 u. 177.

Wirth, Robert: Ein dunkles Wort bei Hölderlin. Zeitschrift für den deutschen Unterricht 1895, IX, S. 375 ff.

> Nachweis eines Druckfehlers im „Fragment von Hyperion". Jubat dafür
> Inbat oder Imbat Windname, den Hölderlin aus Rich. Chandlers Reisen
> in Griechenland 1778 in deutscher Übersetzung übernahm.

Arnold, Robert: Heinse und Hölderlin in: Der deutsche Philhellenismus.
Euphorion II. Erg.-Heft. S. 91 ff.

> Vgl. dazu A. Rosikat: Zur Geschichte des deutschen Philhellenismus.
> Nationalztg. 1897. Nr. 222 (nach Lange!).

Planck, E.: Die Lyriker des Schwäbischen Klassizismus. Stuttgart 1896.
S. 55 Zu Hölderlins Jugenddichtung.

> Besprochen: Baltische Monatsschrift 49. S. 333 f. (Diederichs). Blätter
> für literarische Unterhaltung. 1896. S. 199 (Berger).

PETZOLD, EMIL: Hölderlins Brod und Wein. Ein exegetischer Versuch. Jahresberichte des k. k. Elisabeth-Obergymnasiums zu Sambor
für die Schuljahre 1895/96 und 1896/97.

> Auch als Separatdruck 1897. Wertvollste Arbeit über Hölderlin seit
> Jung. Ernstnehmen der späten Dichtung und weitausgreifende, tief-
> bohrende Analyse. Leider fast unbeachtet geblieben.

Wenzel, G.: Friedrich Hölderlin und John Keats als geistesverwandte
Dichter. Programm des Realgymnasiums Magdeburg 1896.

> „Die Schrift erschöpft ihr Thema nicht ganz, hat auch sonst verschiedene
> Mängel (Hoops, s. unter 1898).

1897 Krauß, Rudolf: Schwäbische Litteraturgeschichte 1897. Hölderlin: Bd. I,
S. 353—365.

Lang: Rudolf Lohbauer. Württb. Vierteljahrshefte V. 1897. S. 152.

> H. gab Mörike Anregung zum Feuerreiter.

Rullmann, W.: Eine Dichterliebe vor hundert Jahren. Frankfurter Erinnerungen. Frankfurter Zeitung 1897, Nr. 94, 1. Mgb

Hoops, Johannes: Hölderlin und Keats. Frankfurter Zeitung 1898, Nr.
207, 1. Mgb.
> Ausgangspunkt für Vergleich nur durch Titel Hyperion; keine Wesens-
> verwandtschaft; Hölderlin kein Romantiker wie Keats.

Wille, Bruno: Hölderlin. Magazin für Literatur des In- und Auslandes 1898, 67, S. 451 ff.

Mir nicht zugänglich; nach Lange.

Ziegler, Theodor: Hölderlin und Nietzsche. Hie gut Württemberg alle Wege! Ein literarisches Jahrbuch aus Schwaben, Bd. I. Heilbronn 1898, S. 23—44.

Wiederabgedruckt „Menschen und Probleme". 1915. I, S. 383 ff.

Böckel, Otto: Friedrich Hölderlin. Der Dichter des deutschen Gemüts. Monatsblätter für deutsche Literatur (Leipzig) IV, 1899, November, S. 62—74.

Ursachen der Krankheit: eigenartiges Geistesleben, einsam selbstquälerisch, leicht verletzlich, Übersetzungen wundersames Werk.

Eßwein, Hermann: Hölderlin und Nietzsche. Revue franco-allemande II, München 1899, Nr. 18, S. 169 ff.

Abgedruckt: Die Kultur, I, 1900, Nr. 18. Unverständiges Gerede von „maßlos chaotisch romantischem Inhalt seiner Kunst."

Grosch, R.: Die Jugenddichtung Friedrich Hölderlins. Dissertation. Berlin 1899.

Heimann, Moritz: Friedrich Hölderlin. Eine Betrachtung. Neue deutsche Rundschau, Jhg. X, 1899, Heft 6, S. 651 ff.

Schröder, Carl: Zu Hölderlin. Euphorion VI, S. 91 ff., 1899.

Mitteilung der richtigen Fassung des Gedichtes „Der Prinzessin Auguste von Homburg" und des 1. Böhlendorfi-Briefes vom 4. XII. 1801 aus dem Nachlaß der Prinzessin Auguste in Schwerin.

Böhme, Richard: Friedrich Hölderlin. Sonntagsbeil. zur Voss. Zeitung 1900, 4./11. Februar (Nr. 5/6). 1900

Linke, Oskar: Friedrich Hölderlins Gedichte. Die Zukunft 1900, 31. Bd., S. 131 ff.

Abdruck der Vorbemerkung seiner Ausgabe in Hendels Weltliteratur.

Mentzel, Elisabeth: Ein Stammbuchblatt Hölderlins. Frankfurter Zeitung, 6. Mai 1900.

Für Diotimas Neffen C. D. Manskopf: Beweis für freundschaftlichen Verkehr Hölderlins mit Familie der Gontards.

Winterfeld: F. H's Verhältnis zu Goethe und Schiller. Leipz. Ztg. Wissenschaftliche Beilage Nr. 91, 1900.

— Gedichte von Friedrich Hölderlin. Deutsche Heimat, hrgb. von Eugen Kalkschmidt. 1900. IV. S. 215 ff.

Harnack, Otto: Hölderlin und Hardenberg. Deutsche Stimmen ed. W. Johannes, Berlin 1901, Bd. V, S. 428 ff. Aufsätze und Vorträge 1911 wiederabgedruckt.

Klein-Hattingen, Oskar: Das Liebesleben Hölderlins, Lenaus, Heines, Berlin 1900.

Castle tadelt gänzlichen Mangel an Durchdringung des Forschungs-

gebietes. Verworrenheit und Unklarheit: das Meiste ist dilettantisch und abstrus. Möbius definiert Krankheit als dementia präox.
Besprochen: Euphorion VIII. S. 779 f., 1901 (E. C a s t l e). Die Zeit, XIX, 1901, Nr. 362. (P. J. M'ö b i u s.) Ztschr. f. Bücherfreunde, V. 1901/02, Heft 6 (Th. E b n e r). D. lit. Echo, IV, 1902, Heft 18. (W. Bornmann.) Berliner Tageblatt 1902, 238, Beibl. 24. Mai, lit. Rundschau günstig. (A. R.)

Fischer, Herm.: Der Neuhumanismus in der deutschen Literatur. 1901. S. 22 ff. über Hölderlin.

Tadelt Marklosigkeit des Hyperion und müden Lebensverzicht des Empedokles, aber als Stimmungsgemälde unübertrefflich.

B ö h m , W i l h e l m : Studien zu Hölderlins Empedokles. Dissertation, Berlin 1902.

Auf Grund von Handschriftenkenntnis sorgfältige Untersuchungen ohne überzeugendes Ergebnis.

K l a g e s , L u d w i g : Stefan George 1902, S. 24 über H.

Vgl. Mensch und Erde. S. 108.

1903 Diederich, Franz: Friedrich Hölderlin und sein Schicksalslied. Ein Zeitbild. Dresden 1903.

Erweiterung eines in der Volks-Sing-Akademie Dresden gehaltenen Vortrags.

Eschelbach, Hans: Diotima. Monatsblätter für deutsche Literatur 1903, VII, S. 33.

Mir nicht zugänglich; nach Lange.

Gleichen-Rußwurm, A. von: H. und die modernen Ästheten. Die Nation. XX, Nr. 52, p. 828, 26. IX. 1903.

H's Gedanken klingen wieder in den Werken der modernen ästhetischen, wie auch der neuromantischen Richtung. „verfehlter Grieche".

Ilgenstein, Heinrich: Nietzsche und Hölderlin. Die Gegenwart, Nr. 40, 32. Bd., 1903.

Oft wieder gedruckt: Das Blaubuch 190 , Nr. 21, S. 845. Die Propyläen 1905, S. 73 f. Der Schwabenspiegel, 28. I. 1908. Die Action 1911, 39, 40. Der geistige Arbeiter 1921 I. Heft 1. „Bringt, weil ohne ruhige, historisch psychologische Analyse unternommen, nicht die hier möglichen Resultate". Nohl Jahresberichte 1903, S. 653.

Bethge, Hans: Hölderlin. Die Dichtung, Bd. VI, Berlin [1904].

Mit guten Wiedergaben von drei Hölderlinporträts, Diotima-Relief und Grab. „Er ist an der rauhen Wirklichkeit und an dem übermäßigen mystischen Weltgefühl zu Grunde gegangen." Besprochen von Heinrich Simon: Frankfurter Zeitung, Montag, 6. Juni, 1904. Morgenblatt:
„....von rhythmischem Feingefühl getragen, ... etwas weich." Ferner kurze Anzeige Neckar-Zeitung, 7. Juni 04, Nr. 130, unter Überschrift Der Todestag F. H's.

Bethge, Hans: Der Knabe Hölderlin. Sonntagsbeil. Nr. 12 der Nationalzeitung, Berlin, 20. III. 1904.

Gesky, Th.: Hölderlin in Homburg. Nassovia, V. (1904). S. 182/4, 194/6, 207/8, 219/20.

H e n s e, O t t o : Friedrich Hölderlin. Neue Jahrbücher für das klassische Altertum 1904, Bd. XIII, S. 515—540.

„Erweiterte Fassung eines im März 1902 in Karlsruhe gehaltenen Vortrages." Sorgfältige und besonnene Nachweise von Hölderlins Kenntnis der griechischen Autoren.

Krauß, Rudolf: Mörike und Hölderlin. Neue Zürcher Zeitung, 14./15. Juni 1904, Nr. 164/5.

Bringt Notiz, daß Mörike Briefe der Diotima, S. Schmids Stauffer u. a. an Hölderlin in der Hand hatte. Sonst merkwürdige Aufstellungen: Hölderlins Schicksal sei durch Überwuchern des philosophischen Gehaltes in seinen Dichtungen und Abkehr vom Deutschtum besiegelt. Dazu:

Lienhard, Friedrich: Mörike und Hölderlin. Literarisches Echo, VI. Jhg., 1904, S. 1384 f.

Spranger, Eduard: Friedrich Hölderlin. Ein Beitrag zur Psychologie. Die Gegenwart, XXXIII, 1904, Nr. 22, 65.

„Einsamkeit des ästhet. Selbstgenusses, die damit endet, daß man nur noch sich selbst erlebt."!

Böhm, Wilhelm: Hölderlins Entwicklung. Ein Vortrag. Bericht Deutsche Literatur-Zeitung, XXVI, 1905, Sp. 2200.   1905

Dort bisher unbekannte Brieffragmente an Diotima aus dem Nachlaß G. Schlesiers vorgelesen.

Braun, W. A.: Types of Weltschmerz in the German Poetry (H. Lenau Heine), eingeleitet von Calvin Thomas. Abh. der Columbia Univ., 1905, New York.

Besprochen Krähe: Jahresber. XVI. S. 440. H. although in a visionary idealistic way, remains even in his Weltschmerz altruistic and constructive (kosmisch) fast als „Byronisme" zu bezeichnen mit Ausschaltung des sinnlichen Elements — amerikanisch!

D i l t h e y, W i l h e l m : Die Jugendgeschichte Hegels. Abhandlungen der kgl. Preußischen Akademie der Wissenschaften, vorgelesen 23. Nov. 1905.

Auch als Sonderdruck erschienen; wieder abgedruckt in Wilhelm Diltheys Gesammelte Schriften, Bd. IV, 1921, S. 3 ff. S. darin besonders S. 11—17, 37—42, 140—148, 184 f.

Friedemann, H.: Die Götter Griechenlands. Diss. 1905, S. 22.

„Der Werther des klassischen Ideals".

Friedemann, H.: Das Problem des Heidnischen und Christlichen in der Romantik (H. Novalis Eichendorff). Die Nation 1905, 49.

Kohn, Maximilian: Hölderlin und die Hamburgerin Susette Borkenstein. Neue Hamburger Zeitung, 8. August 1905.

Verspricht nochmalige Prüfung der Akten, schreibt jedoch nur spaltenlang Jügels Puppenhaus aus. Derselbe Aufsatz im Hamburger Fremdenblatt, 8. Dez. 1911, Nr. 288, 1. Beilage u. d. T.: H. und seine Diotima.

Sänger, Eduard: Hölderlin, Lenau, Nietzsche. Hamburger Nachrichten, Beilage 35, 1905.

Mir nicht zugänglich

Vischer, Friedrich Theodor: Friedrich Hölderlin. Ein Abschnitt aus Vischers Vorträgen. Marbacher Schillerbuch 1905, S. 283 ff.

Auszüge seines Sohnes Robert Vischer aus verschiedenen Schriften, beklagt u. a. Mangel an Humor! Auffallend schwach.

1906   Baumgarten, Bruno: Hölderlins Aetherglaube. Zeitschrift für den deutschen Unterricht. Heft 10, XX, 1906. S. 609 ff.

Voll verschwommener Begeisterung.

Bode, K.: Zu Hölderlins Gedichten. Euphorion, XIII, 133 ff. 1906.

Nachweis, daß „Der Tod" in Hölderlins Papieren und häufig in Ausgaben gedruckt, nur eine Abschrift aus Klopstock Ode „Die Zukunft" ist. 1764.

Conrad, Michael Georg: Hyperions Schicksalslied. Das literarische Echo, VIII, 1906, S. 749

Möchte statt des „argen Schreibfehlers" in der letzten Zeile j ä h l i n g s lesen, wie es in seinem Roman „Was die Isar rauscht" stünde. Dazu:

Böhm, Wilhelm: Das literarische Echo, 1906, S. 977.

Der mit vollem Recht j a h r l a n g verteidigt.

Conrad, M. G.: ib. S. 1340.

Verteidigt seine Ansicht unter Berufung auf Will Vespers Ausgabe.

Bauer, Fritz: ib. 1340.

Erklärt: er sei unentschieden!!

DILTHEY, WILHELM: Das Erlebnis und die Dichtung. Lessing, Goethe, Novalis, Hölderlin. 1906. Bis jetzt acht Auflagen.

In vieler Hinsicht bahnbrechend für Hochschätzung Hölderlins, der von überschauendem Standpunkt aus mit seinem Werke in den Gang der deutschen Geistesgeschichte eingereiht wird. Von den unendlich vielen Besprechungen sei erwähnt Ernst Traumann: Allgemeine Zeitung 1906, Beilage 27, und Krähe: Jahresberichte XVI, 1906, S. 438 f.

E b e r z , J o s e p h : Hölderlins Nachtgesänge. Zeitschrift für vergleichende Literaturgeschichte XVI, 1906, S. 364 ff. Andenken. Der Rhein. Die Wanderung. Germanien. Der Einzige.

Irrtümliche Bezeichnung dieser Hymnen als Nachtgesänge, trotz mancher falscher Deutungen wichtiges erstes Ernstnehmen dieser Dichtungen, die bis dahin als wahnsinnig galten.

Eloesser, Arthur: Hölderlins Mission. Vossische Zeitung, 11. und 18. November 1906. Sonntagsbeilage Nr. 45/46.

Tadelt an Böhms Ausgabe, daß sie weder kritisch noch vollständig sei. Hölderlin als Sehnsüchtling mißverstanden: „Romantiker der Antike". Vergleich mit Kleist, seine Gedichtumarbeitungen „abschwächend zuweilen verzerrend" bezeichnet.

Harnack, Otto: Der deutsche Klassizismus im Zeitalter Goethes. Berlin 1906, I, 50 ff.

Viele Schiefheiten. Hyperion wird als schatten- und traumhaft getadelt, Empedokles sei voll lastender Einförmigkeit, Unfähigkeit den dramatischen Ausdruck gemäß der Situation zu gestalten!

Lienhard, Friedrich: Hölderlins Lyrik. Wege nach Weimar, I. Stuttgart 1906.

1. Aus H.s Hyperion ib. S. 155 ff. 3. Empedokles auf dem Ätna. S. 252. H. und die Klassiker, S. 232. Auszüge mit ziemlich flachen Zusätzen.

M ö l l e r v a n d e n B r u c k , A.: Die Deutschen. Bd. III Verschwärmte Deutsche. Hölderlin. S. 126—163. Minden 1906.

Gute Darstellung, die nur zu früh abbricht.

Reuß, Theodor: Heinse und Hölderlin. Tübinger Dissertation 1906,

Anhang S. 67 ff. bringt diplomatischen Abdruck des Konzepts zur „Hymne an die Wahrheit". Besonnen werden persönliche Beziehungen und solche zwischen Ardinghello und Hildegard von Hohenthal einerseits, Hyperion andererseits untersucht.

Besprochen: Krähe: Jahresberichte für neuere Literatur-Geschichte. XVIII. S. 719.

Steinert, Wilhelm: Hölderlin. Akadem. Blätter, Berlin 1906, S. 283 f., 299 ff.

Vesper, Will: Zu Hölderlins und Jean Pauls Geburtstag. Die Propyläen 1906. Nr. 25.

Vleuten, van: Hölderlins Geisteskrankheit. Die Nation, 7. Sept. 1906, S. 635 ff.

Stellt ärztliche Diagnose auf dementia praecox catatonica.

Neues von Hölderlin von Dr. P. L. Magdeburgische Zeitung, 6. Mai 1906.

Guter Aufsatz, zeigt Böhms Ausgabe an. Hinweis auf Nietzsche und St. Georges Hirtengedichte. Hoffmannsthal, Mallarmé, Mombert.

Karlowa, Oskar: Hölderlin und Nietzsche-Zarathustra. Programm Pleß 1907.

Schultze, Siegmar: Die Entwicklung des Naturgefühls in der deutschen Literatur des 19. Jahrhunderts. I. 1907. Kapitel Hölderlin. S. 89 ff.

Verwey, Albert: Studies in Hölderlin. Beweging, Sept. 1907, siehe Lit. Echo, X, S. 274/5.

Bespricht Böhms Ausgabe 1905. Berichtet von H's Wirkung auf seine eigenen ersten Gedichte.

Z i n k e r n a g e l , F r a n z : Die Entstehungsgeschichte von Hölderlins Hyperion. Quellen und Forschungen 99. 1907. Anhang S. 207 ff.: Zwei fragmentarische Hyperion-Texte. I Text der metrischen Bearbeitung, II Text der Lovell-Fassung.

Eindringende aber nicht abschließende Arbeit; nimmt als Vorstufen: 1. Urhyperion, 2. Thaliafragment, 3. metrische Bearbeitung, 4. Rahmenerzählung, 5. Lovell-Fassung an. Falsche Annahme von starken Beeinflussungen von außen, ohne dem Schöpferisch-Dichterischen gerecht zu werden. Zahlreiche gute Einzelbemerkungen. .

Bauer, Ernst: Hölderlin und Schiller. Tübinger Dissertation 1908.

In zurückhaltender Weise werden Anklänge an Schiller in Form und Inhalt beim jungen Hölderlin nachgewiesen.

Besprochen: E. Müller: Jahresberichte für neuere deutsche Literatur-Geschichte. XX, S. 945.

Böhme, Lothar: Die Landschaft in den Werken Hölderlins und Jean Pauls Leipzig, Diss., 1908. Hölderlin, S. 12—38.

Landschaft erst Darstellungsmittel im Hyperion, dann Handlungsfaktor, ihr Charakter. Vergeistigung, Typisierung. Guter Versuch, nur zu kurz. Besprechungen: Behrend: Literarisches Echo 1910, Heft 19, Sp. 1424. Krähe: Jahresberichte für neuere Literatur-Geschichte, XX, S. 761 ff.

Burger, Fritz: Feuerbach und Hölderlin nach einem Gemälde der Schack-galerie. Frühling, Münchner Wochenschrift v. F. Herrmann 1908, Nr. 13, S. 194 f.

„Feuerbachs Römische Familie am Brunnen", ziemlich oberflächlicher Vergleich.

Ginzel, A.: Beiträge zur Entwicklungsgeschichte von Hölderlins Hyperion. Reinbach 1908.

Mir nicht zugänglich.

Honke, Julius: Hölderlin. Einige seiner Gedichte erläutert. Deutsche Blätter für erzieherischen Unterricht. Langensalza 1908, 36, Nr. 5 ff.

Auch als Sonderdruck „Pädagogisches Magazin", Bd. 359. Volksschullehrerei.

Joachimi-Dege, Marie: Hölderlins Hyperion. Frankfurter Zeitung, 22. November 1908, Nr. 325, Literaturblatt.

Betont gegen Zinkernagel Einzigartigkeit des Werks nach Form und Inhalt und Gestaltungskraft des Dichters.

List, Stefan: Eros im Leben Hölderlins. Schwabenspiegel: Wochenschrift der Württg. Ztg. 1908, Nr. 16/17.

Oktavio, Herm. Franz: Friedrich Hölderlin. Die Xenien 1908, Nr. 10, S. 215 ff.

Verschiedenheit von Schiller, Bedeutung der Übersetzungen; faßt Hölderlin als „Stimmungsmenschen" auf!

Riethmüller, K. G.: Hegel und Hölderlin im Tübinger Stift. Rechenschaftsbericht XII des Schwäb Schiller-Vereins 1908, S. 28 ff.

Mitteilung eines Stammbucheintrags von Hölderlin vom 15. II. 1789 für Friedrich Öffinger. Mit einer Silhouette.

1909 Berger, Herbert von: Hölderlins Hyperion. Werdandi. Monatsschrift für deutsche Kunst und Wesensart. II. 1909, 5. (Mai), S. 20 ff.

Eick, Hugo: Ein Vorspiel Zarathustras [Hyperion]. Österreichische Rundschau 18, S. 225 ff., 1909.

Guter Vergleich.

Jahn, Kurt: Friedrich Hölderlin. Deutsche Literatur-Zeitung, XXX, 1909, Nr. 24, Sp. 1477 ff.

Im Wesentlichen anerkennende Worte zu Zinkernagels Hyperion-Buch.

Lehmann, Emil: Hölderlins Hymnen an die Ideale der Menschheit. XXXVII. Jahresbercht des k. k. Staatsgymnasiums Landskron 1909, S. 7 ff. Auch als Sonderdruck erschienen.

Arbeitet mit gutem Erfolge den harmonischen und oft streng symmetrischen Aufbau sowie den Fortgang von einer Gruppe zur andern heraus.

Scholz, Wilh. von: Hölderlin Empedokles als Bühnenstück. Bühne und Welt, XII, 1909/10, Nr. 24, S. 1060 ff.

Schlußwort zur Bühnenbearbeitung. Insel-Verlag. Daselbst S. 1043 zwei Dekorationsskizzen zum Empedocles von E. Feigerl-München abgebildet.

Schütte, Ernst: Hölderlins Hyperion. Eine philosophisch-ästhetische Studie. Xenien 1909, Heft 7/8, S. 1 u. 78 ff.

Zinkernagels Ergebnisse angenommen: gegen Haym wird H. die gleiche Entwicklung wie der norddeutschen Romantik zugeschrieben! Vergleich mit Rousseau's Nouvelle Eloise.

Lange, Wilhelm: Hölderlin. Eine Pathographie, 1909. Mit 12 Schriftproben und einer Namentafel.

Gröblich irreführende Darstellung, die weit mehr Kenntnis damaliger medizinischer Systematik als Hölderlins verrät. Kindliche Versuche, den Beginn der Psychose an einzelnen Gedichten aufzuzeigen. Abgelehnt von M. Joachimi-Dege: Deutsche Literatur-Zeitung 1915, Bd. 36, 2347 ff. Siehe auch:
Neckar-Zeitung, 13. Juli 1909, Beilage (O. H.). Jahresberichte für neuere Literaturgeschichte, XX, 762. Neues Tagblatt, 29. April 1909 (E. L.), (Krähe). Literarisches Echo, XII, 972 f. (K. Henckell).

— Hölderlins Geisteskrankheit. Vossische Zeitung, 22. VII. 1909. (Donnerstag Morgen 1. Beilage.)

Anzeige von Lange's „Pathografie". Ob es sich der Mühe lohnt, der jetzigen Generation von Hölderlin, dem Lyriker aus dem Ende des XVIII. Jahrhunderts, dem Zeitgenossen eines Schiller, Goethe, Schelling und Fichte, etwas zu sagen, da seine Werke schon längst der Vergangenheit angehören und nur von Literarhistorikern gewürdigt zu werden pflegen, ist eine Frage, die man eigentlich verneinen müßte!!!
.... es ergibt sich, daß das Genie, wenn man überhaupt von einem solchen bei ihm sprechen kann, gar keinen Zusammenhang mit seiner Geisteskrankheit hat, diese vielmehr seine geniale Produktivität nur zerstört hat, während seine Psychopathie ihn beim Schaffen größerer Werke gehindert, dagegen seine besten lyrischen Produktionen gefördert hat.

Stephan, Carl: Hölderlin. Der alte Glaube, X, 1909, Nr. 42.

Baumgartner, Oskar: Nietzsche—Hölderlin. Berner Dissertation, Zürich 1910. **1910**

Aus H. Maync's Schule nach Anregung Diltheys; fleißig werden gemeinsame innere Motive, Darstellungsformen, Grammatikalisches usw. untersucht, ohne innere Verwandtschaft bezw. Verschiedenheit letzthinnig zu entscheiden.

Blume, Ludwig: Hölderlins Übersetzung der Antigone im Vergleich mit früheren Übersetzungen und dem Original. Wien 1910. 5. Jahresbericht der k. k. Staatsrealschule, VIII. Bezirk.

Ohne Verständnis für die unvergleichliche Neuschöpfung, einige gute philologische Nachweise.

Eulenberg, Herbert: Hölderlin. Der Tag, 1910, Nr. 153, 3. VII.

Teilweise abgedruckt im lit. Echo XII, 1910, Sp. 1554; dann: Die Rampe, Theater-Jahrbuch des Verbandes deutscher Bühnenschriftsteller 1912; dann: Das deutsche Angesicht 1916, S. 20, sehr schwaches Feuilleton.

Francke, Leo: Studien zu Hölderlins Odendichtung mit Berücksichtigung des Einflusses älterer und neuerer Muster. Teil I. Dissertation, Breslau 1910.

Gesamtarbeit nicht erschienen; fleißige, aber etwas zerfahrene Aneinanderreihung.

Hellpach, Willy: Hölderlins Wahnsinn. Der Tag. 27. V. 1910.

Hildebrandt, Kurt: Hellas und Wilamowitz. Jahrbuch für die geistige Bewegung. I. 1910.

Weist nachdrücklich auf Sophocles-Übertragungen Hölderlins hin.

Sas, Andor: Hölderlin Trigyes Egyetemes Philologiai Közlöny. Bd. 34. 1910. S. 262 ff. 310 ff.

Strich, Fritz: Die Mythologie in der deutschen Literatur. Halle 1910.

Mytholog. Analysen zu Hölderlin, Bd. I, S. 158, 407 f. Bd. II, S. 29, 158, 159.

Wille, Bruno: Unsere großen Dichter und Schätze aus ihren Werken. 1910. II. Band.

Hölderlin wird unter Romantiker gerechnet!

Witkop, Philipp: Die neuere deutsche Lyrik. 1910. I. Bd. Von Fr. von Spee bis Hölderlin.

H. wird behandelt S. 325—362, guter Essay.

1911 Alafberg, Friedrich: Hölderlins Gegenwartsbedeutung. Hamburger Nachrichten 1911. Beilage: Zeitschrift für Wissenschaft usw. Nr. 23.

Alafberg, Friedrich: Die Linie der Lyrik. Vossische Zeitung, 26. März 1911, Sonntagsbeilage.

Baumgartner, O. G.: H. und Nietzsche-Zarathustra. Wissen und Leben, IV, 1911. 14.

Dinckgraeve, Guido: Hölderlin und das Klassische. Die Tat. Leipzig 1911. III. Jhg., 9.

Weiß im Grund nur vom jungen Hölderlin, nennt ihn Typus eines Künstlers, der in der Reflexion stecken bleibt.

Fischer, Herm.: Die schwäbische Literatur im XVIII. und XIX. Jahrhundert 1911. Hölderlin, S. 22 ff.

Friedrich, Paul: Wilhelm Waiblinger, Der kranke Hölderlin. Xenienbücher Nr. 20. Leipzig o. J. [1911].

Mit einer wässerigen Vorrede, die sich auf Langes Pathographie stützt.

GUNDOLF, FRIEDRICH: Hölderlins Archipelagus. Öffentliche Probevorlesung zur Erlangung der Venia legendi an der philosophischen Fakultät Heidelberg. Gehalten 26. April 1911. 2. Auflage 1916.

Bedeutender Inhalt in festlich gehobener Sprache. Vgl. auch häufige Hölderlin-Erwähnungen in Gundolfs „Goethe" und „St. George".

Besprechungen: Frankfurter Zeitung, 26. Okt. 1911, Nr. 297. Der Brenner 1913, S. 645 ff. (Scheller). Heidelberger Zeitung, Beilage Literatur und Wissenschaft, Juli 1911, Nr. 7 (Kronfeld). Neue Züricher Zeitung, 27. Juni 1920 (E. K.).

Harnack, Otto: Friedrich Hölderlin. Vortrag im Stuttgarter Schauspielhaus, 18. Sept. 1911. Recension: Schwäb. Mercur, 21. IX. 1911. „H.
Matinee".

Die Versenkung ins Griechentum ward das Verhängnis seines Lebens!
Vgl. auch Württemberger Zeitung, 18. IX. 1911. M. L., H. Matinee.

HELLINGRATH, NORBERT von: Pindarübertragungen von Hölderlin.
Prolegomena zu einer Erstausgabe. Münchener Dissertation 1910,
dann separat Jena 1911.

Erste, von wissenschaftlicher Seite kommende Erkenntnis des späten
Hölderlin und seines Verhältnisses zu Griechenland. Würdigung der
sämtlichen Übertragungen. „Entscheidende Bereicherung der Literatur,
eine reiche Fülle in Stoff und knappster Verdichtung" (Michel).
Besprochen: Revue germanique, IX, 1913, S. 372 (Claverie). Zeitschrift
für deutschen Unterricht 27, 1913, S. 70 (R. Unger). Literarisches Echo,
15. IV. 1912 (Scheller). Münchener Neueste Nachrichten, 20. Mai 1912
(Michel).

Ilgenstein, Heinrich: Nietzsche und Hölderlin. Die Aktion. I. 1911.
Nr. 39 und 40.

Lehmann, Emil: Hölderlins Gedichte „Der Wanderer" und „An den
Äther". XXXIX. Jahresbericht des Gymnasiums zu Landskron. 1911.
S. 5 ff.

Auch als Sonderdruck.

Michel, Wilh.: Hölderlin. Neues Tagblatt (Stuttgart), 15. IX. 1911, 26.

Unautorisierter Abdruck der Einleitung des folgenden Buches vor Erscheinen; auch abgedruckt in Jugend 1911, Nr. 36, S. 959.

Michel, Wilhelm: Der späte Hölderlin und die Nachtgesänge.
Münchener Neueste Nachrichten, 12. November 1911. 'Literarische
Rundschau Nr. 529.

Hölderlins nationale Wendung, Erkenntnis des Gegensatzes zum Griechentum, Analyse der späten Hymnen, Hölderlin Erfüller, Held des Abendlandes.

Montgomery, M.: Hölderlin and Diotima. The Modern language Review,
VII, 1912, Nr. 2.

Poppenberg, Felix: Hölderlins Schicksalslied. Sonntagsbeilage zur
Vossischen Zeitung, 18. Juni 1911, S. 197 ff.

Essai über sein Leben und Dichten; wiederabgedruckt in Menschlichkeiten, gesammelte Essays. 1919.

Rahmer, S.: Hölderlin-Literatur. Die Gegenwart 1911, Nr. 37.

Lobt Lange, bringt dann einen Auszug aus F. G. Kühne.

Rubinstein, Susanne: Voss. Ztg. 1911, Nr. 223 vom 9. Mai Morgenblatt
„In Schillers Bahnen".

Behandelt Verhältnis zwischen Hölderlin und Schiller.

Sänger, Eduard: Hölderlins Gedichte aus der Zeit der Umnachtung.
Hamburger Nachrichten, 10. IX. 1911. Beilage: Zeitschrift für Wissenschaft usw. Nr. 37.

Oft bestauntes Rätsel, daß in der Zersetzung des Geistes etwas wie ein
neuer Sinn zum Vorschein kommt, durch den der Irre in einer helleren,
beziehungsreicheren Welt zu leben scheint.

Scheller, Will: Das Bild Hölderlins. Frankfurter Zeitung, 26. Oktober 1911, Nr. 297.

Bespricht Gundolfs Archipelagus-Vorlesung wiederabgedruckt: Der Brenner, III, 15. April 1913.

Schwetje, Joseph: Stilistische Studien zu Hölderlins Hyperion. Diss. Greifswald 1911.

Fleißige, aber trockene Untersuchung des bildlichen Ausdrucks, des Epithetons, den Syntax und des Rhythmus im Hyperion. Mitteilung einiger unveröffentlichter Hyperionbriefe.

Ullmann, L.: Der irre Hölderlin. Die Fackel, Nr. 317/318, 1911, S. 47—51

Unger, Rudolf: Ältere Romantik, Hölderlin, Jean Paul. Zeitschrift für den deutschen Unterricht. XXIV. 1911, Heft 12.

Vesper, W.: Zu Hölderlins und Jean Pauls Geburtstag. Die Propyläen, 21. März 1911, Nr. 25.

Widmann, Johann Victor: Hölderlins Briefe. Berner Bund, 15. Oktober 1911.

Und öfters. Wiederabgedruckt: Ausgewählte Feuilletons 1913. Frauenfeld. S. 10 ff.

1912 Bethge, Hans: Hölderlin. Zeitung für Literatur, Kunst und Wissenschaft Sonntag, den 7. Juli 1912, Nr. 14 und öfters. Beilage des Hamburgischen Correspondenten.

Janowitz, Hans: Hölderlins Hyperion. Prager Tagblatt, den 14. April 1912.

Kaubisch, Martin: Hölderlins Tragik. Die Hilfe, 21. November 1912, Nr. 47, S. 797 f.

Orphisch-Dionysischer Typus, sein Griechentum nicht sentimentalromantisch, sondern heroisch religiös.

Löffler: Das Bundesbuch der Freunde Hölderlins. Der Schwabenspiegel 23./30. Januar 1912, Nr. 17 u. 18 (Wochenchrift der Württemberger Zeitung).

Kurze Einleitung über die Bedeutung des Bundes und Abdruck sämtlicher Gedichte darin.

Maurer, Th : Fr. Hölderlin. Erwinia, XVIII, 1912, S. 111/6, 138/44.

MICHEL, W[ILHELM]: Friedrich Hölderlin 1912.

Behandelt in dithyrambischer Form und sibyllinischer Andeutung: Sein Bildnis, S. 9 ff. Hölderlin und die Sprache, S. 15 ff. Hölderlin und die Götter, S. 35 ff. Hölderlin und die Kultur, S. 63 ff.
Besprechungen: Heidelberger Tagblatt, 23. XII. 1911. Hamburger Fremdenblatt, 31. Aug. 1913 (H. Bethge). Vers et prose, Paris 1912, 4. Heft (A. Dreyfuß). Pester Lloyd, 29. Juni 1912 (M. J. Eisler). Münchener Neueste Nachrichten, 17. März 1913 (N. v. Hellingrath). Neues Tagblatt, Stuttgart, 21. XI. 1911 (H. Schäff). Der Tag, 26. April 1912 (W. von Scholz). Österreichische Rundschau, 13. Juli 1913 (Th. Tagger). Frankfurter Volkszeitung, 6. III. 1914 (W. K.).
„Michel hat als erster wesentliche Dinge ausgesprochen, die einmal gesagt werden mußten." Hellingrath.

Rutz, Wilhelm: Hölderlins Der Einzige und Patmos. Die Christliche
Welt 1912, 3. u. 10. Okt., Nr. 40/41.

Gegenüber Eberz ruhige gute Einzelinterpretation durch Parallelen aus
der Bibel, ohne letzthin Erschöpfendes.

Scheller, Will: Friedrich Hölderlins Briefe. Rhein. Westph. Zeitung 1912,
Nr. 326.

Bespricht Böhms Ausgabe.

Scheller, Will: Pindar und Hölderlin. Literarisches Echo, XIV, 966 ff.

Hellingraths Dissertation wird gerühmt.

Schmidt, Wilhelm: Fichte u. die älteren Romantiker. Grenzboten 1912,
71. Jhg. I, S. 12 ff., S. 17 ff. über Hölderlin (Hinweis auf Hülsen).

Sehr schwach, nicht erschöpfend.

Spindler, Paul: Ein seltenes Buch [Widmungsexemplar des Hyperion an
Diotima]. Literarische Beilage zum Württ. Staatsanzeiger 1912,
1. Dezember, S. 334 f.

Aus den Besitz von Direktor Dr. Weismann in Frankfurt an W. L. Holland,
von diesem an Spindler gekommen. Abdruck der Widmungsworte vor
jedem Bande des Hyperion.

— Uhland über Hölderlin. Frankfurter Zeitung, 28. Juli 1912, Nr. 207.

Druckt Brief an Varnhagen, 24. I. 1827, über Ausgabe 1826 ab.

Bloesch, Hans: Hölderlin als Übersetzer. Die Alpen, VII, Mai 1913, **1913**
S. 509 ff.

Rühmt auf Grund von Hellingrath's Sophocles-Übertragungen als die
einzig kongenialen; findet in „Anmerkungen" überraschende und über-
zeugende Perspektiven.

Eitle, Julius: Der Unterricht in den einstigen Württembergischen Kloster-
schulen 1556—1806. Zeitschrift für Geschichte der Erziehung usw.,
III. Beiheft, 1913.

S. 69 ff. über Tübinger Stift zur Zeit Hölderlins.

Freye, Karl: Casimir Ulrich Böhlendorff, der Freund Herbarts und Hölderlins. Langensalza 1913, Paedagogisches Magazin 547.

Wichtige Äußerungen der Zeitgenossen über Hölderlin vgl. S. 66—78,
116—118, 249—255.

Frommel, Otto: Hölderlins Empedokles. Protestantische Monatshefte
1913, XVII, Heft 8, S. 296 ff.

Koenig, Otto: Friedrich Hölderlin. Arbeiter-Zeitung, Wien 1913, Nr. 154,
7. Juni.

Möchte gesinnungstüchtig die Ursache seiner geistigen Zerrüttung „im
starren Festhalten an den Normen bürgerlicher Ethik" sehen!!

Offer, Wilhelm: Das Liebesleben Lenaus u. Hölderlins in ihren Briefen.
Hamb. Nachr., 1. Juni 1913.

Rutz, Ottmar: Über einige Echtheitsfragen bei Hölderlin. Euphorion
1913, Bd. XX, S. 428 ff.

H. als Typus III nach der Rutzschen Typenlehre bezeichnet, erklärt

Magisterarbeit über die schönen Künste in Griechenland für echt, als nicht echt Fragment an Herzog Christoph und Stammbuchblätter: „Es kommen Stunden" und „Wie bald ists ausgewonnen", ferner Herder-Humanitätsbrief über Homer. Hauptstück der Aufzeichnung des wahnsinnigen Phaeton von Waiblinger echt Hölderlinisch.

S c h e i d w e i l e r , P a u l a : Der Lyriker Hölderlin. Jahrbuch Mannheimer Kultur 1913, S. 144 ff. (hsg. K. Höhn), Mannheim 1914.
Kultur 1913, S. 144 ff. (hsg. K. Höhn), Mannheim 1914.
(Gesamtdarstellung überm Durchschnitt der Essay-Literatur.)

Schmidt, Wilhelm: Fichtes Einfluß auf die älteren Romantiker. III. Kap. Hölderlin. Euphorion, XX, 1913, S. 647—655.

Stephan, J. C.: Denker u. Dichter. Gütersloh 1913. Darin Hölderlin.
Mir nicht zugänglich.

Strauß, Emil: Hölderlin. Die neue Rundschau, XXIV, 1913, Oktoberheft S. 1384.
Vorrede zur Pantheon-Gedichtausgabe 1914.

Unger, Rudolf: Ältere Romantik und Hölderlin. Literaturbericht, Zeitschrift für deutschen Unterricht, XXVII, 1913, Heft 1.

Willige, Wilhelm: Hölderlins Empedokles. (Entstehung, Entwicklung, Gehalt.) Die Xenien 1913, S. 142 ff., Sept.- und Oktoberheft.

„Das Land der Griechen mit der Seele suchend." Eine Charakterstudie zu Friedrich Hölderlin und zur Griechenromantik von einem Tübinger. Das neue Jahrhundert, 26. Januar 1913, Bd. V, Nr. 4.
Hinweis auf den Eros im Platons Phaidros.

1914 Hedemann, Reinhold: Hölderlin. Protestantenblatt 1914, Nr. 9, 25. Febr.

Kr[auß] R[udolf]: Staatliche Fürsorge für den kranken Hölderlin. Schwäbische Kronik, 11. Febr. 1914, Nr 67.
Nach unveröffentlichten Akten im kgl. Finanzarchiv Ludwigsburg. Mitteilung eines Gutachtens vom Oberkonsistorium, datiert 9. Okt. 1806, nachdem H's Mutter um Beihilfe gebeten hatte.

Kuhn, Friedrich: Hölderlins patriotische Dichtungen. Süddeutsche Zeitung, Beil. Aus großer Zeit, 1914, Nr. 18, Nov. 14.

Kuhn, Friedrich: Hölderlins Schicksal. Der Schwabenspiegel, 18. August/ 1. September 1914, Nr. 46/48.
Nach Briefen Hölderlins, scharf gegen Langes Pathogaphie.

Lehmann, Emil: Hölderlins Oden. 42. Jahresbericht de K. K. Staats-Obergymnasiums zu Landskron. Landskron 1914.
Auch als Sonderdruck erschienen. Versuoht, etwas schematisch, inneren Zusammenhang herauszuarbeiten.

Liepe, Wolfgang: Hölderlins Empedokles, das Christusdrama der Romantik. Die Christliche Welt, 2. Juli 1914, Nr. 27.
Sehr irreführendes Ergebnis: „Lediglich aus einer zeitweisen Annäherung an positive Religion geht seelische Trübung und innerer Fall des Helden hervor."

Liepe, Wolfgang: Das Religionsproblem im neuen Drama von Lessing bis zur Romantik. Hermaea, XII, Halle 1914.

Über Hölderlin, S. 24, 66, 72 u. a. nicht tiefgreifend. Besprochen: Euphorion XXIII, 1920, Heft 1, S. 124 ff. (M. Enzinger). Anzeiger für deutsches Altertum, 39. Band, 1920, S. 154 f. (J. Petersen).

Spielmann, C.: Hölderlin in Homburg. 15. Heft der Mitteilungen des Vereins für Geschichte und Altertumskunde zu Bad Homburg v. d. H. 1914.

Mir nicht zugänglich.

Thieß, Frank: Die Stellung der Schwaben zu Goethe; Hölderlin, S. 101 ff. Tübinger Dissertation 1914.

Auch als Bd. XVI der Darstellungen aus der Württembergischen Geschichte 1915 erschienen.

Verwey, Albert: De Beweging. Oktober 1914.

Spricht enthusiastisch von Hölderlin, s. Literarisches Echo, Nov. 14.

Die Aktion. IV. 1914, S. 942. Das neue Testament.

Druckt Fragment aus Jugendgedicht „Die Bücher der Zeiten" ab!

Scheidweiler, Paula: Der Roman der deutchen Romantik. Freiburger **1915** Diss. 1915, Abschnitt VII, Hölderlins Hyperion, S. 27—53.

Bergmann, Ernst: Deutsche Führer zur Humanität. 1915, I, Kant, Fichte, Hölderlin.

Lorenz, Felix: Hölderlin, Der Verkünder der Schönheit. Die Schönheit. Werder 1915, XII. Jhg., S. 298 ff.

Lange, Konrad: Der Hölderlin-Turm in Tübingen. Württemb. Zeitg. 1915, Nr. 150.

Vgl. Lit. Echo XVII, 1915, Sp. 1344 f.

Benzmann, Hans: Hölderlin. Der Tag, 22 September 1916.   **1916**

Bespricht Zinkernagels und Hellingraths Ausgabe, nachgedruckt: Berliner Börsen-Kurier, 14. Mai 1918.

Simmel, G.: Die Dialektik des deutschen Geistes. Der Tag, 28. Sept. 1916. Wiederabgedruckt: Der Krieg und die geistigen Entscheidungen, 1916, S. 33.

Peper, Wilh.: Die lyrische Dichtung [2] 1916 (Kunstschatz des Lesebuchs).

Erläuterungen zu H. Gedichten: Abendphantasie 112, Gesang der Deutschen (gekürzt nach Echtermeyer) 164. Die Heimat 113, Seine Großmutter 148. Sonnenuntergang S. 235.

Baum, Hanns: Drei Schwaben. Friedrich Silcher, Ludwig Uhland, Friedrich Hölderlin. Thorner Presse, 10. Sept. 1916, Beilage.

Mit Bild Hölderlins und Photographie seines Grabes.

Landauer, Gustav: Friedrich Hölderlin in seinen Gedichten. Die Weißen Blätter, S. 183 ff., Zürich, Juniheft 1916.

Ein Vortrag, gehalten am 13. März 1916. Wiederabgedruckt „Der werdende Mensch", 1920. Hauptsächlich wird „Der Rhein" behandelt.

Trummler, Erich: Hölderlins Nachtgesänge. Der unsichtbare Tempel. München, I, 1916, S. 442 ff., Heft 10.

Von Nietzsche ausgehend bringt Tr. manches Gute; falsche Einstellung durch Mißverständnis des Wortes „Nachtgesänge".

Michel, Wilhelm: Das Erbe Hölderlins. Frankfurter Zeitung, 16. Juli 1916, Nr. 195, 1. Mgbl.

Im Wesentlichen rühmende Anzeige von Hellingrath IV.

Scholz, Wilhelm von: Hölderlin auf der Bühne. Zur bevorstehenden Uraufführung von H's Empedokles in Stuttgart. Berliner Tageblatt, 30. Nov. 16, 1. Mgbl. Neues Tagblatt, Stuttgart, 2. XII 16, Abendblatt.

Scholz, Wilhelm von: Das Ergebnis der Uraufführung des Hölderlinschen Empedokles. Frankfurter Zeitung, 18. XII. 1916. Wiederabgedruckt. Die Scene, Blätter für Bühnenkunst, Berlin 1918, VIII, Heft 4.

Stammler, Wolfgang: Zu Hölderlin [Eine Landschaft, Wahnsinnsgedicht]. Zeitschrift für deutschen Unterricht, XXX, 1916, S. 640.

Nachweis des 1. Druckes von Mörike im Düsseldorfer Künstleralbum 1858.

Witkop, Philipp: Heidelberg und die deutsche Dichtung. 1916, S. 81 ff. Friedrich Hölderlin.

Über Aufenthalte H's daselbst. Abdruck Schattenrisses aus dem Stammbüchlein Studiosus Boisserée.

1917 Fränkel, Jonas: Der neue Hölderlin. Neue Zürcher Zeitung, 21./25. Dezember 1917, Nr. 2396 u. 2400.

Spricht auf Grund des IV. Hellingrathbandes über den späten Hölderlin.

Haecker, Theodor: Nachwort zu Kierkegaards Begriff des Auserwählten. S. 372 f. über H.

Kühn, Julius: Hölderlin und die neue Kunst. Blätter für Kunst und Kritik, Literar. Beilage zum Kölner Tageblatt, 15. April 1917

Hinweis auf Georg Trakls Sebastian im Traum, wo die Verwirrung Hölderlins bewußt als Ausdrucksmittel für ein subtiles Empfindungsleben kultiviert wird.

Röttger, Karl: Der Wahnsinn des Dichters [Hölderlin]. Die Rheinlande, XVII, Juli/August 1917, S. 199 ff.

Rosenzweig, Franz: Das älteste Systemprogramm des deutschen Idealismus. Heidelberg 1907, S. 44 f. Sitz. Ber d. Heidelb. Akad. d. Wiss. phil. hist. Klasse, 1917, 5.

Scheller, Wil.: Hölderlins Erweckung. 1917. Die literarische Gesellschaft Hamburg, III, Heft 6, S. 193 ff.

Bespricht Gundolf, W. Michel u. neuere Ausgaben.

Seebaß, Friedrich: Neues aus Hölderlins Studentenzeit in Tübingen. Zeitschrift für Bücherfreunde, 1917, Heft 11, S. 302 ff.

Teilt aus Magenaus Tagebuchaufzeichnungen einige für den Tübinger Dichterkreis kennzeichnende Stellen mit.

S e e b a ß , F r i e d r i c h : Hölderlins zweiter Homburger Aufenthalt. Frankfurter Zeitung, 28. Juni 17, Abendblatt Nr. 176.
Teilt charakteristische Äußerungen aus Gerning-Tagebüchern mit.

Seebaß, Friedrich: Neuere Hölderlin-Literatur. Aus großer Zeit, Beilage zur Post, 21. Juli 1917, Nr. 367.

Seebaß, Friedrich: Hölderlin und die schwäbischen Romantiker. Der Schwabenspiegel. Stuttg., 20. Nov. 17, XI, Nr. 8.

Seebaß, Friedrich: Neue Hölderlin-Gedichte. Die Propyläen, München, 20. Juli 1917, Nr. 42, S. 403 f. Weserzeitung, 3. Juli 1917, Nr. 25411.

Zinkernagel, Franz: Tübingen und Hölderlin. Universitätszeitung, Sonderheft der Univ. Tübingen. Frkf. 1917, S. 17 ff.

Vietor, Karl: Die Hölderlin-Ausgaben. Münchner Allgemeine Zeitung, 12. Aug. 1917, Nr. 33, S. 321.
„H. (Halbromantiker) ist heute sehr aktuell"

Beil, Ludwig: Hölderlin. Neue Hamburger Zeitung, 6. Juni 1918, Abend- **1918**
ausgabe Nr. 285.

Bertram, Ernst: Nietzsche. 1918.
Gute Bemerkungen über Hölderlin.

Blümel, Rudolf: Ein unbekanntes Gedicht Hölderlins? [Aus Waiblingers Phaëton] Das Reich, 1918. II. Buch 4, 630—638.
Mit Vorbemerkung und Anmerkungen; ohne Kenntnis der Literatur; Grundgedanke richtig, Zeilenabsetzung unhölderlinisch.

C a s s i r e r , E r n s t : Hölderlin und der deutsche Idealismus. Vorträge in der Gesellschaft für deutsche Literatur, Berlin, am 16. Januar und 20. Februar 1918.
Vossische Zeitung, 29. I. 1918. Tägliche Rundschau, 22. Januar 1918. Neues Tagblatt, 9. II. 1918, Nr. 72 Mgb. Württemberger Zeitung, 5. II. 1918. Deutsche Literaturzeitung, 20. IV. 1918. Abgedruckt: Logos. VII, Heft 3, 1918, S. 262; VIII, 1919, Heft 1. Zusammen abgedruckt: Idee und Gestalt, 1920, S. 109—152.

Delius, Rudolf von: Hölderlins Gedichtfragmente. Die literarische Gesellschaft. Hamburg 1918, IV. Heft 6, S. 188 ff.
Wiederabgedruckt: Streifzüge. Gesammelte Aufsätze, 1920. Willkürliches Umspringen und unkünstlerische Änderung der späten von Hellingrath veröffentlichten Bruchstücke.

Fränkel, Jonas: Hölderlins Erneuerung. Neue Zürcher Zeitung, 8. Dezember 1918.
Bespricht Zinkernagels erschienene zwei Bände.

Friedrich, Paul: Der kranke Hölderlin. Berliner Neueste Nachrichten, 15. Dezember 1918.
Abdruck der unzulänglichen Einleitung zur Neuausgabe von Waiblingers Aufsatz; siehe oben 1911.

Hoffmann, K. E.: Vortrag über Hölderlin, 14. I. 18 in der Schmiederzunft Basel.
Längere Besprechung: Basler Nachrichten, 16. I. 1918.

Kocher-Nürtingen: Der Mutter Haus. Ein Beitrag zur Jugendgeschichte Hölderlins. Schwäb. Merkur, 11. Juli 1918, Abendblatt, Nr. 321.

Kofink, Heinrich: Das Problem des religiösen Genius in Hölderlins „Empedokles". Schwäbische Heimatgabe für Theodor Häring. Heilbronn 1918, S. 100 ff.

Lehmann, Emil: Hölderlins Vermächtnis. Deutsche Arbeit, XVII., 10. Juli 1918, S. 423 f.
Bespricht eingehend Hellingraths IV. Band. Teile des Aufsatzes häufig nachgedruckt unter dem Titel: Unbekannte Gesänge Hölderlins.

Leopold, Carl: Der Dichter des Hyperion. Hamburger Correspondent, 7. Juni 18, Nr. 286.

Lissauer, Ernst: Hölderlin. Zur 75. Wiederkehr seines Todestages, 7. Juni. Berliner Börsen-Curier, 3. Juni 18. Leipziger Tageblatt, 7./8. Juni 18. Ostseezeitung Stettin, 2. Juni 18. Bonner Zeitung, 7. Juni 18, Nr. 153 u. ö.

Michel, Wilhelm: Gemeingeist. Leibniz-Feldpost Hannover, 1. Juli 1918, Nr. 69.

Michel, Wilhelm: Hölderlins Hymne an die Dichter. Das Reich, Okt 1918, III, 3, S. 451 ff.

Michel, Wilhelm: Die Motive der hölderlinischen Hymnendichtung. Das Literarische Echo, 1. Mai 1918.
Zählt Motivgruppen kurz auf, die Hölderlins späte Kulturmythologie enthält, „eine der selbständigsten religiösen Schöpfungen unseres Kulturkreises".

Roth-Eskus, Gustav: Aphorismen zu zwei Totenfeiern (Hölderlin und Winckelmann). Straßburger Post, 7./8. Juni 1918.

Schwarz, Heino: Hölderlin. Coblenzer Zeitung, 7. Juni 1918, Nr. 285. Düsseldorfer Nachrichten, 7. Juni, Nr. 285, Morgenausgabe.

Seebaß, Fr.: Hölderlin als vaterländischer Dichter. Schwäbische Kronik, 25. Mai 1918, Nr. 241, Abendblatt. Westermanns Monatshefte, Dezember 1918.

[Seebaß]: Friedrich Hölderlin. Württembergische Zeitung, 30. Juli 1918, Nr. 176.

[Seebaß]: Hölderlin und die junge Dichtung. Stuttgarter Neues Tagblatt, 1. Juli 1918, Mgbl., Nr. 326.

[Seebaß]: Der junge Hölderlin im zeitgenössischen Urteil. Neues Tagblatt, 20. September 1918.
Anfang einer Münchener Dissertation.

Viëtor, Karl: Hölderlin. Zur 75. Wiederkehr seines Todestages am 7. VI. 18. Weser-Zeitung, 7. Juni 1918.

Zinkernagel, Franz: F. Hölderlin. Zu s. 75. Todestage. Reclams Universum, XXXIV, Heft 36, S. 612 ff., 6. Juni 1918.

Hölderlin-Vorträge zum Gedächtnis seines 75. Todestages: **1918**

Ertle, Ephorus: Hölderlin und wir. 24. Juni 1918 in Urach. Bericht: Südd. Zeitung, 26. VI. 18.

Berwin, Beate: F. H. und seine Dichtung. 28. X. 18, Lessing-Museum. Bericht: Nordd. Allgem. Zeitung, 30. X. 18.

Friedrich Hölderlin.

Allgem. Gerede zum 75. Todestage. Münchener Neueste Nachrichten, 5. VI. 1918, Abdbl. Braunschweigische Landeszeitung, 3. Juni 18. Deutsche Lodzer Zeitung, 8. Juni 18. Vogtländischer Anzeiger Plauen, 8. Juni 18. Magdeburgische Zeitung, 7. Juni 18. Rheinische Zeitung Köln, 13. Juni. Krakauer Zeitung, 7. Juni.

Hölderlin. Sonntagsgedanken. Stettiner Ostsee-Zeitung, 8. Juni 18.

Friedrich Hölderlin. Zum 100. Todestage, 7. Juli (sic) 18. Saale-Zeitung, 6. Juli 1918.

Der Schwabenspiegel: Hölderlin-Nummer, 4. Juni 1918. Ohne bes. Beitrag: Also sprach Hyperion. Ein Strauß aus H's Garten.

Friedrich Hölderlin: Zu seinem 75. Todestage. Süddeutsche Zeitung, 11. Juni 1918, Nr. 158.

Schirmer, Josef: Lieblingsdichter [Platen, Lenau, Hölderlin]. Das neue Buch. November 1919.

Verwey: Albert: Europäische Aufsätze. 1919. S. 326 ff. Hölderlin.   **1919**

Vermutlich früher in de Beweging erschienen. Wirkung H's auf eigene Lyrik: In Novalis und Hölderlin will Dichtkunst zur Äußerung von Frömmigkeit werden. Kurzes Eingehen auf einzelne Werke.

Deubel, Werner: Hölderlins Untergang. Feuer, I, Heft 2/3, Nov./Dezember 1919, S. 187 ff.

Einstein, Norbert: Der Erfolg. Berlin 1919. S. 65 ff. Über Hölderlin.

Grolmann, Adolf von: F. Hölderlins Hyperion. Stilkritische Studien zu dem Problem der Entwicklung dichterischer Ausdrucksformen. München. Diss. 1919.

Vorher als Münchener Dissertation erschienen unter dem Titel: Die seelischen Grundlagen und die Verwendung von Naturerlebnissen und Landschaftsbildern als literar-ästhetischen Stilmitteln in Hölderlins Hyperion. Bespr.: Wilhelm Michel: Literar. Echo, 15. Juli 1919. R. Raab: Literarisches Centralblatt, XXVII, S. 664. O. Walzel: Anzeiger für deutsches Altertum, Bd. 40, S. 161 ff. F. Schulz: Zeitschrift für Deutschkunde, I, S. 257.

Leyhusen, Wilhelm: Hölderlin-Vortrag Bericht: Kölnische Volkszeitung, 6. März 1919.

Michel, Ernst: Der Weg zum Mythos. Jena 1919. S. 4 ff. Die Bedingungen mythenbildenden Schaffens: Hölderlin und Hellas. Hölderlin und die Romantiker.

Michel, Wilhelm: Der hölderlinische Sophokles. Das deutsche Drama, 1. Juni 1919, S. 169 ff.

1919 M i c h e l , W i l h e l m : Bemerkungen über Hölderlins Sprache. Die
literarische Gesellschaft 1919, V, 2, S. 169 ff.

Anknüpfung an Umarbeitungen später Gedichte.

Mönius, Georg: Hölderlin als Philosoph. Dissertation. Erlangen 1919.

Ohne tieferdringende Kenntnis von Hölderlins philosophischem Nachlaß.
Zum Buch erweitert: Hölderlin. Eine philosophische Studie. Bamberg 1919.

Gaisberg-Schöckingen, Friedrich von: Lauffen am Neckar und das Geburtshaus des Dichters Hölderlin. Schwäbisches Heimatbuch 1919,
S. 109 ff.

Schicksale des Hauses; Angabe der Taufpaten; Gedichte von E. Paulus
und G. Jäger; sorgfältige Ahnentafel.

Schlemmer, Hans: Der Tod des religiösen Propheten. Eine philosophische Studie auf Grund von Hölderlins Empedokles. Preußische
Jahrbücher, August 1919, S. 153 ff.

S e e b a ß , F r i e d r i c h : Zur Entstehungsgeschichte der ersten Sammlung von Hölderlins Gedichten. XXIII. Rechenschaftsbericht des
Schwäb Schillervereins 1919. (Bruchstück einer Münchener Dissertation 1913.) Auch als Sonderdruck erschienen.

Sammlung von Briefen von Diest, Kerners, Gocks, Uhlands usw.

Seebaß, Friedrich: Hölderlin in Frankreich. Das Reich, III, Buch 4,
Januar 1919, S. 598.

Abdruck von Moritz Hartmann: Eine Vermutung: siehe unter 1861;
bestätigt, daß es sich um Hölderlin-Episode handelt.

Spranger, Eduard: Hölderlin und das deutsche Nationalbewußtsein.
Ilbergs Neue Jahrbücher 1919, II. Abt., 44. Bd., Heft 4/5, S. 81 ff.

Viëtor, Karl: Der Bau der Gedichte Hölderlins. Zeitschrift für Ästhetik,
XIV, 340 ff., 1919/20.

Hölderlins Schicksal. Von R. A. Neue freie Presse, Wien, 29. März 1919.

Hölderlin: Über die vaterländische Dichtungsart. Aus Briefen. Blätter
des Burgtheaters Wien, 1. Juni 1919.

GESAMTLITERATUR IM JUBILÄUMSJAHR 1920

1920 Ade, Hans Chr.: Hölderlins Lyrik. Weimarer Blätter, März 1920, Heft 3.

Baer, Karl: Hölderlin. Zu seinem 150. Geburtstage. Saale-Zeitung, Halle,
1. April 1920.

Bagusche, Hermann: Über Friedrich Hölderlin und seinen Heidelberger
Aufenthalt. Volk und Heimat. Wochenschrift der „Badischen Presse",
27. März 1920.

Bethge, Hans: Hölderlins Ausgang. Beilage zur Württemberger Zeitung.
Der Schwabenspiegel, 16. März 1920.

(Schluß der früheren Büchleins.)

Bethge, Hans: Hölderlin, ein Gedenkblatt. Schlesische Zeitung, Breslau, 1920
21. März 1920. Unterhaltungsbeilage. Öfters abgedruckt z. B. Rhei-
nisch-Westfälische Zeitung, 22. März 1920.

„Es fehlt H. die köstliche Goethe-Einheit: Gabe des Gleichgewichts.
Tassonatur."

Binder, Hermann: Hölderlin und Mörike. Der Schwäbische Bund, I,
Heft 6, 1920, S. 594 ff.

Binder, Hermann: Hölderlin und unsere Zeit. Vortrag im literarischen
Klub Stuttgart, 19. März 1920.

Abgedruckt: Besondere Beilage zum Staatsanzeiger für Württemberg,
30. April 1920, Nr. 5. Bericht: Stuttgarter Neues Tagblatt, 23. März
1920. Beilage zum Schwäbischen Merkur, 20. März, Nr. 134.

Bohlmann, Gerhard: Friedrich Hölderlin. Zur 150. Wiederkehr seines
Geburtstages. Königsberger Allgemeine Zeitung, 20. März 1920.

[Brückner, F. P.]: Hölderlin. Westdeutsche Wochenschrift, 26. März
20, II. Jhg., Heft 13, S. 179 ff.

B[uschbeck], E[duard]: Hölderlin. Zur 150. Wiederkehr des Tages
seiner Geburt. Blätter des Burgtheaters Wien, I, 1920, Nr. 7, S. 161.

Hölderlin von neuer Jugend als größter deutscher Dichter erkannt.
Starker Hinweis auf Sophocles-Übertragungen mit Anmerkungen.

Delius, Rudolf v.: Hölderlins Gedicht an die Mutter Erde. Almanach
der Rupprecht-Presse, München 1920.

Dörfler, Anton: Zu Hölderlins 150. Geburtstage. Die Lese 1920, XI,
Nr. 11.

Dünwald, Willi: Hölderlin und Hyperion. Vossische Zeitung, 28. März
1920, Nr. 162.

Ermatinger, Emil: Friedrich Hölderlin. Neue Zürcher Zeitung, 19. und
21. März 1920, Nr. 461 und 468.

Bruchstücke aus einer Geschichte der deutschen Lyrik. Kennt nur
jungen Hölderlin: Grundstimmung sei ohmmächtige Sehnsucht gewesen;
Romantiker (!).

Eßwein, Hermann: Sieht in „Empedokles" das Verhältnis des religiös
Selbstschöpferischen zur Kirche. Dagegen P. F. Volksbühne u. reli-
giöse Weltanschauung. Bayerischer Kurier, München, 13. April 1920.

Fischer, K. E.: Hölderlin. Zu seinem 150. Geburtstage. Der Kunstwart,
15. März 1920, S. 249 ff.

Sein Wahnsinn ist geistige Umlichtung infolge Überklarheit.

Faßbinder, Joseph M.: Hölderlin. Zur 150. Wiederkehr seines Geburtstages. Saarbrücker Zeitung, 19. März 1920.

Lyrisches Genie der klassischen Zeit erstickt in der Entfaltung (!).

Franke, Hans: Dämon und Erlebnis im Leben Friedrich Hölderlins. Neckar-Zeitung, Heilbronn, 20. März 1920.

H., ein heroischer Mensch; Diotima, sein entscheidendes Erlebnis.

1920 Friedmann, Rudolf: Zwei deutsche Dichterschicksale in Paris [Kleist und Hölderlin]. Berliner Börsenkurier 1920, Nr. 485, 16. Okt.

Danach gekürzt anonym Dresdner Volkszeitung, 21. Juli 21. Naive Auffassung: „Pessimisten u. Dichter, weil das Schicksal ihnen nicht gab, was es dem Durchschnitt schenkt: ein gesichertes Heim und das geliebte Weib."

Frommel, Otto: Friedrich Hölderlin als religiöser Lyriker. Deutsche Rundschau, Juni 1920, S. 380 ff.

[GEORGE, STEFAN]: Hölderlin. Blätter für die Kunst, 11. u. 12. Folge, 1919/20, S. 11 ff.

Gerathewohl, Fritz: Die Tragik des Einsamen. Zu F. Hölderlins 150. Geburtstage. Leipziger Tageblatt, 22. März 1920, Nr. 133.

„H. scheitert in seinem menschlichen und künstlerischen Streben an klassischen und romantischen Ideal" (!). Öfters.

Gäfgen, Hans: Friedrich Hölderlin. Königsberger (Hartungsche) Zeitung, 18. März 1920.

Gleichen-Rußwurm, Alexander von: Friedrich Hölderlin. Illustrierte Zeitung, 11. März 1920, S. 335 ff.

Hefele, Hermann: Zwischen Heinse und Schiller [Hölderlin]. Der Schwäbische Bund, I, Heft 6, 1920, S. 608 ff.

Voll peinlicher Mißverständnisse.

Hengsberger, Käte: Isaak von Sinklair, der Freund Hölderlins. Germanische Studien, Heft 5, 1920.

Anhang S. 202: Neun Briefe der Mutter Hölderlins, an Sinclair aus den Jahren 1802—04.
Besprochen: K. Viëtor, Frankfurter Zeitung, 27. Aug. 1920. Vorher als Dissertation teilweis erschienen.

Henko, Emil: Der junge Hölderlin. Freideutsche Jugend, VI, 4. April 1920, S. 123 ff.

Derselbe: Auswahl von Hölderlin-Texten mit Nachwort, S. 132, „Zu den Gedichten".

Huppert, Philipp: Friedrich Hölderlins Lebensauffassung und Dichtung. Leuchtturm für Studierende, XIII, Nr. 16, 15. Mai 1920.

Keindl, Ottomar: Hölderlin. Prager Tagblatt 1920.

Mir nicht zugänglich.

Kerr, Alfred: Friedrich Hölderlin, geboren 20. März 1770. Berliner Tagblatt, 26. März 1920, Nr. 140.

Kienzl, Hermann: Hölderlins 150. Geburtstag. Mannheimer Tageblatt, 19. März 1920.

Und öfters.

Klages, Victor: Hölderlin, ein Lebensbild. Leipziger Neueste Nachrichten, 23. März 1920, Nr. 80.

Koppin, Richard O.: Hölderlin als Vorwurf für ein Bühnenwerk. Berliner Romantik, Januar 1920, S. 7.

> Rühmt Eidlitz' Hölderlin-Drama!

Krauß, Rudolf: Friedrich Hölderlin. An seinem 150. Geburtstag. Stuttgarter Neues Tagblatt, 20. März 1920.

Kreeb, Karl: Einer Mutter Sohn [Hölderlin]. Süddeutsche Zeitung,
Beilage Literatur u. Kunst, Nr. 10, 20. März 1920.

Landau, Paul: Friedrich Hölderlin. Sächsische Staatszeitung, 20. März
1920.

> Öfters abgedruckt.

Lang, Gustav: Friedrich Hölderlin in Maulbronn. Der Schwäbische
Bund, Märzheft 1920, S. 577 ff.

Lissauer, Ernst: Hölderlin. Weimarer Blätter, März 1920, Heft 3.

Ludwig, Karl: Hölderlin. 1770—1920. Badischer Beobachter, Karlsruhe, 24. März 1920.

> H. belebt antiken Naturmythos mit alter Kraft des Glaubens; rücksichts-
> loses Zuendedenken über Christentum und Vaterland durch Wahnsinn
> unterbrochen.

Maderno, Alfred: Hölderlin. Hessische Post, 21. März 1920.

> Vergleich mit Heine, Romantiker, Verwandtschaft mit Expressionismus.

Manasse, Rudolf: Hölderlins Sophokles-Übertragungen. Der Zwinger,
Berlin, IV, Heft 6, 15. März 1920, S. 138 ff.

Martens, Kurt: Hölderlin der Deutsche. Münchner Neueste Nachrichten, 20. März 1920, Nr. 112/113.

M[auch] Th[eodor]: Hölderlins Tod des Empedokles. Münchener Volksbühne, März 1920, Heft 7.

Mauch Theodor: Hölderlin und Empedokles. Die Propyläen, München,
9./10. April 1920, Nr. 27/28.

M i c h e l , E r n s t : Die Tragik des orphischen Dichters. Ein geistes-
geschichtlicher Versuch über Hölderlin. „Das Neue Münster", Mainz
1920.

M i c h e l , W i l h e l m : Friedrich Hölderlin. Vortrag bei der Hölderlin-
Gedächtnisfeier der freien literarisch-künstlerischen Gesellschaft Darm-
statt am 23. März 1920.

> Bericht: Darmstädter Tagblatt und Darmstädter Zeitung, 25. März 1920.
> Abgedruckt als „Rede über Hölderlin". Die Silbergäule, Br. 33/33a, Han-
> nover 1920. Betont triebhaften religiösen und kulturellen Aristokratis-
> mus. Eine durchaus vorchristliche Geisteslage von echter Unschuld u.
> Naturverschlungenheit, verfärbt sich erst gegen Ende christlich.

Mugler, Edmund: Friedrich Hölderlin. Zum 150. Geburtstage. Neckar-
Glocke, Lauffen, 20. und 27. März 1920, Nr. 34 u. 37.

1920 Müller-Rastatt, Carl: Friedrich Hölderlin. Vortrag in der Literarischen Gesellschaft Hamburg, 26. Januar 1920.

Rezitationen von R. Lütjohann.

Bericht im Hamburger Fremdenblatt, 27. Januar 1920. Generalanzeiger Hamburg, 28. Januar 1920. Hamburger Nachrichten, 27. Januar. Hamburger Korrespondent, 27. Januar, R.M. Abgedruckt in Zeitung für Literatur, Kunst und Wissensch., Beilage zum Hamburg. Correspondenten, XLII, Nr. 6/7, 14./21. März 1920. Auch als Sonderdruck erschienen. Besprochen von H. Rousse: Das literarische Echo, 1. XII. 1920.

Neuberger, Eugen: Hölderlins Weltanschauung. Die Propyläen, 26. März 1920, 2. April 1920.

Oswald, Josef: Das Vaterländische bei Hölderlin. Kölnische Volkszeitung; Beilage Zeit und Leben, 20. März 1920, Nr. 220.

Deutet berühmten Hyperion-Brief durchaus falsch: er soll nicht den Deutschen von 1799, sondern denen von 1770 gelten!

Paul, Th. H.: Hölderlin. Zu seinem 150. Geburtstage. Dresdener Neueste Nachrichten, 20. März 1920.

Peterson, Eugen: Hölderlin und Hegel. Stuttgarter Neues Tagblatt; Beilage zum 20. März 1920, Nr. 146.

Auf Rosenkranz beruhend unselbständig.

Pfeiffer-Belli, W.: Die Familie Gontard. Beiblatt der Frankfurter Nachrichten, Nr. 165, 2. April 1920.

Bringt wertvolle familiengeschichtliche Mitteilungen. Gegen seine falsche Auffassung des Verhältnisses Hölderlin-Diotima wendet sich

Viëtor, Karl: Die Familie Gontard. Frankfurter Nachrichten, Nr. 171, 9. April

mit Hinweis auf bevorstehende Veröffentlichung der Briefe Diotimas. Darauf folgend Erwiderung von W. Pfeiffer-Belli in derselben Nummer.

Rosenzweig Franz: Hegel und der Staat. 1920. Bd. I. Über Hölderlins Verkehr und Wirkung auf Hegel, namentlich S. 66 ff.

Preisendanz, Karl: Friedrich Hölderlin. Ein Gedenkblatt. Die Propyläen, XVII, 25, 26. März 1920.

Schellenberg, Ernst Ludwig: Der Wackenroder des Griechentums. Zum 150. Geburtstage Hölderlins. Der Türmer, Heft 6, 1920, S. 541 ff.

Hölderlin Romantiker, zerbrochen durch den Sturm des gemeinen Lebens und die Übermacht seiner Sehnsucht (!).

Schellenberg, Ernst Ludwig: Des Dichters Einsamkeit. Zu Hölderlins 150. Geburtstage. Hamburger Nachrichten, 19. März 1920, Nr. 144.

Scheller Will: Hölderlin. Zu seinem 150. Geburtstage. Die Gegenwart, 2. Märzheft 1920, S. 113 f.

Schimpf-Lauffen: Zur Abstammung des Dichters Friedr. Hölderlin. Neckar-Glocke, 20. März 1920.

Scholz, Wilhelm von: Hölderlins Tod des Empedokles. Der neue Weg, I L, 7, S. 3.

Schlenker: Hölderlins Ausgang. Neckar-Glocke, 20. März 1920.

Schubert, Harold: Der Besuch des Griechen. Ein Nachklang zu Hölderlins 150. Geburtstag. Deutsche Zeitung, Berlin, 24. März 1920, Nr. 122.

„Vielleicht steckt hinter dieser Dichtererscheinung ein tieftrauriges Musikerproblem" (!).

Seebaß, Friedrich: Friedrich Hölderlin als vaterländischer Dichter. Tägliche Rundschau, 26. März 1920, Unterhaltungsbeilage Nr. 62.

S e e b a ß , F r i e d r i c h : Friedrich Hölderlin. Der Schwäbische Bund, I, Heft 6, 1920, S. 569 ff.

S e e b a ß , F r i e d r i c h : Hölderlin und die schwäbischen Dichter seiner Zeit. Schwäbische Kronik, 20. März 1920, Nr. 134.

S e e b a ß , F r i e d r i c h : Hölderlin und die Romantiker. Deutsche Revue, XI, 1. Märzheft 1920, S 274 ff.

Seebaß, Friedrich: Der späte Hölderlin. Zum 150. Geburtstage. Der Sammler, 15. März 1920, Nr. 32.

Seebaß, Friedrich: Hölderlin. Der Bund, Bern, 28. Aug. 1920.

Seebaß, Friedrich: Friedrich Hölderlin. Zu seinem 150. Geburtstage. Der Schwabenspiegel, Wochenschrift der Württembergischen Zeitung, XIII. Jhg., Nr. 24, 16. März 1920. Wiederabgedruckt: Süddeutsche Zeitung, Beilage Nr. 10 zum 20. März 20. Neue Preußische Kreuzzeitung, 25. März, Nr. 137.

Seidenzahl, Fritz: Friedrich Hölderlin. Der Hausfreund, Neurode, 20. März 1920, Nr. 12.

„Steht nicht in der Wirklichkeit; seine Gedankenwelt liegt weit zurück; seine Dichtungsart ist die einer vergangenen Zeit". (!)

Sieburg, Friedrich: Hölderlin. Die neue Schaubühne, II, S. 5, 1920.

S i e b u r g , F r i e d r i c h : Die Grade der lyrischen Formung. Dem Andenken Norberts von Hellingrath. Zeitschrift für Ästehetik und allgemeine Kunstwissenschaft, Jhg. XIV, Heft 4, 1920, S. 356—396.

Spael, Wilh.: Hölderlin und das deutsche Schicksal. Die Post, 1920, Nr. 381.

Spael, Wilhelm: Die Philosophie Hölderlins. Deutsche Zukunft. Unterhaltungsbeilage der Post, Berlin, Nr. 201, 1. Mai 1920.

Ohne Kenntnis der philosophischen Aufsätze Hölderlins.

Stein, Hermann: Hölderlins letzte Liebe, ein Gedenkblatt. Hannoverscher Kurier, Unterhaltungsbeilage, 21. März 1920. Auch sonst abgedruckt z. B.: Danziger Neueste Nachrichten, 22. III. Forster Tageblatt, 21. III

Teßmer, Franz: Friedrich Hölderlin. 1770 — 20. März — 1920. Die Gartenlaube, LXVIII., Nr. 12.

Wurde abgedruckt: Profile und Phantasien, Berlin 1921.

1920   Teßmer, Hans: Hyperion-Hölderlin. Die Warnung, Berlin, 29. März 1920.

Typischer deutscher Romantiker, geht an sich selbst zugrunde. (!)

Teßmer, Hans: Hölderlin. Nachträgliches zu seinem 150. Geburtstage. Berliner Börsenzeitung, 1. Mai 1920.

„Überempfindlichster Romantiker".

Trummler, Erich: Der Sternenstand. Dem Gedächtnis Hölderlins. Freideutsche Jugend, VI, Heft 4, April 1920, S. 121 ff.

Schwungvoll ohne klare Erkenntnis von H's letzter Klarheit.

Trummler, Erich: Der kranke Hölderlin. Urkunden u. Dichtungen aus der Zeit seiner Umnachtung zum Buche vereinigt. München o. J. [1920].

Geheimnis S. 5—10. Der kranke Hölderlin, Gedichte S. 13—34. Aus Briefen über Hölderlin S. 35—48. Vier Briefe des irren Hölderlin an die Mutter S. 51—53. Bericht: W. Waiblinger: Der kranke Hölderlin S. 57. Aus dem Bericht von Chr. Th. Schwab S. 107. Glossen S. 119—125. Frankfurter Mittagsblatt, 23. X. 20.

Besprechungen: Unterhaltungsblatt zum Hannoverschen Kurier 1920, Nr. 35260: „Die Tragödie eines Genies" und öfters. Wilhelm Michel: Frankfurter Nachrichten, 16. X. 1920. Robert Warnecke: Altonaer Nachrichten, 20. X. 1920. Rudolf Unger: Das Literarische Echo, 1. I. 1921. Deutsche Revue, Dezemberheft 1920. F. J. Sch.: Neue Badische Landes-Zeitung, 31. X. 1920. A. D.: Schlesische Zeitung, Breslau, 1. IX. 1920. K. Bieler: Die Heimatkunst III, 1921, Heft 9, S. 213.

„Trummler hätte nicht die Hand zu diesem Unternehmen bieten sollen." W. Michel.

Trunzer: Friedrich Hölderlin. Ein Gedenkblatt zu seinem 150. Geburtstage. Berliner Börsenzeitung, 10. März 1920.

Unger, Rudolf: Ältere Romantik und Hölderlin. Zeitschrift für Deutschkunde, 1920, S. 90 ff.

Referat über Neuerscheinungen seit Hellingrath.

Vesper, Will: Hölderlins Leben. Zu seinem 150. Geburtstage. Norddeutsche Allgemeine Zeitung, 1. April 1920, Nr. 150.

Viëtor, Karl: Neue Hölderlin-Funde. Der Schwäbische Bund, I, Heft 6, März 1920, S. 614 ff.

I. Entwurf einer Vorrede zum Hyperion. II. Zeugnisse über Hölderlins Tod (Lotte Zimmer, Professor Gmelin und Dr. Rapp).

Viëtor, Karl: Die Oden der Elegien Hölderlins. Dissertation. Frankfurt 1920.

Teil einer Arbeit: „Hölderlins Lyrik" in: Deutsche Forschungen, hgb. von Panzer und Petersen. Bd. 3.

Viëtor, Karl: Hölderlin und Diotima. Preußische Jahrbücher, 182, 1920, 3, S. 298 ff.

Auf Grund der im Besitz von Frieda Arnold, Heidelberg, aufgetauchten Diotima-Briefe.

Viëtor, Karl: Zu Hölderlins Empedokles. Neue Blätter für Kunst und Literatur, II, Nr. 9. Frankfurt, 18. März 1920, S. 146 ff.

Viëtor, Karl: Die Briefe der Diotima. Frankfurter Zeitung, 17. Januar 1920
1920. Öfters abgedruckt z. B.: Die Propyläen, 16. April 1920.

[Viëtor, Karl]: Ein Brief Diotimas an Hölderlin. Das Inselschiff, I, 3,
1920, Februar, S. 129 ff.

Viëtor, Karl: Hölderlin und das Christentum. Hochland, XVII, Heft 3,
Februar 1920, S. 325 ff.

Viëtor, Karl: Friedrich Hölderlin. Zum 150. Geburtstage. Das illustrierte
Blatt, Frankfurt, 23. März 1920, Nr. 13.

Viëtor, Karl: Hölderlin. Zu seinem 150. Geburtstage. Frankfurter Zeitung, 21. März 1920, 1. Morgenblatt, Nr. 217.

W i l l i g e , W i l h e l m : Über Hölderlins Empedokles. Sokrates, Zeitschrift für Gymnasialwesen, VIII, Heft 9/10, 1920, S. 241.ff.

Wolfhard, Adolf: Friedrich Hölderlin. Protestantische Monatshefte,
XXIV, 1920, Heft 9/10, S. 147 ff.

Zerfaß, Julius: Friedrich Hölderlin. Münchener Volksbühne. 1920.
Heft 7.

— Friedrich Hölderlin. Kieler Zeitung, 22. März 1920.

— Friedrich Hölderlin. Augsburger Postzeitung, Nr. 133, 1920.

— Friedrich Hölderlin. Heidelberger Tageblatt, 20. März 1920.

— Friedrich Hölderlin. Ostsee-Zeitung, 27. März 1920.

Mehrfach gedruckt, z. B. Aachener allgemeine Zeitung, 27. März. Eisen-
acher Tagespost, 1. April.

— Friedrich Hölderlin. Danziger Zeitung, 20. März 1920.

Häufig gedruckter, nichtssagender Jubiläumsaufsatz.

— Hölderlin und die Romantiker; zum 20. März 1920. Von C. F. Hamburgischer Correspondent, 20. März 1920.

— Zum 150. Geburtstag. Altonaer Nachrichten, 19. März 1920.

Friedrich Hölderlin. Zu seinem 150. Geburtstage. Von Dr. K. Kasseler
Tageblatt, 21. März 1920.

Friedrich Hölderlin. Von b. d. Zu seinem 150. Geburtstag. Tübinger
Chronik, 20. März 1920.

— Diotima und Hölderlin. Zum 150. Geburtstage des Dichters. West-
fälisches Tageblatt, Hagen, 22. März 1920.

Hölderlin. Von B. Darmstädter täglicher Anzeiger, 24. März 1920.

Aus Hölderlins Lyrik. Von F[ischer?]. Der Kunstwart, 2. Maiheft 1920,
S. 117.

Friedrich Hölderlin. Von P. M. Dresdner Volks-Zeitung, 20. März 1920.

Die Bonner Zeitung feierte den Gedenktag mit dem Abdrucke der Zeilen
von Klopstock: Der Tod!

H ö l d e r l i n - V o r t r ä g e (Gedenkfeiern) soweit sie nicht abgedruckt
vorliegen.*)

---

*) Anmerkung: Bloße Recitations-Abende werden nicht erwähnt.

1920   **Düssel, Karl**: Hölderlin-Vortrag im Landestheater Stuttgart am 19. März 1920.

Nebst Rezitationen von Juncker.

Bericht im Staatsanzeiger für Württemberg, 20. März 1920, Nr. 67. Schwäb. Merkur, 20. III., Nr. 134.

[Im Rahmen einer Hölderlinfeier des Württemb. Goethebundes mit Aufführung des Empedokles.]

Esser, Peter: Hölderlin. Vortrag in Gelsenkirchen.

Bericht: Gelsenkirchener Zeitung, 10. März 1921.

Fischer, Eugen Kurt: Friedrich Hölderlin. Vortrag in der Literarischen Gesellschaft Dresden

Nebst Rezitationen von Friederike Stritt.

Bericht in: Dresdener Nachrichten, 24. März 1920. Dresdener Neueste Nachrichten, 27. März.

Glaser, Rudolf: Hölderlins Weltanschauung und die Gegenwart. Vortrag im Literarischen Verein Dresden.

Mit Rezitationen von Daniela Bachmann.

Bericht: Dresdener Neueste Nachrichten, 27. März 1920. Dresdener Anzeiger, 25. März. F. K. Dresdener Nachrichten, 26. März.

Jooß, Walter: Hölderlin-Vortrag am 28. März 1920 in Oldenburg.

Bericht von p. bs in: Nachrichten für Stadt und Land. Hölderlin-Gedächtnisfeier. Oldenburg, 29. März 1920.

Lüders, Melanie: Hölderlin. Vortrag in der Hamburger Volksbühne.

Bericht: Hamburger Echo, 22. X. 1920.

Leichtle: Friedrich Hölderlin. Vortrag in Heilbronn bei Gedächtnisfeier des Neudeutschen Jugendbundes.

Bericht in der Neckar-Zeitung, Heilbronn, 14. März 1920, Nr. 67.

Michel, Wilhelm: Hölderlin-Vortrag. Gedächtnisfeier der Mainzer Liedertafel, 19. April 1920.

Bericht im Mainzer Anzeiger, 20. April 1920.

Schelling, Friedrich: Hölderlins Briefe. Ein Vortrag im Pegnensischen Blumenorden.

Bericht: Fränkischer Courier, 9. Juni 1921.

Strich, Fritz: Hölderlins Vermächtnis an die Deutschen. Vortrag in Gedenkfeier des Eichendorff-Bundes. München, 27. März 1920.

Bericht: Augsburger Abendzeitung, 30. März (Seebaß). Münchner Neueste Nachrichten, 30. März. Münchener Post, 2. April.

Viertel, Berthold: Friedrich Hölderlin. Vortrag in der Gesellschaft für Literatur und Kunst, Dresden.

Bericht: Dresdener Neueste Nachrichten, 29. Okt. 1919. Dresdener Nachrichten, 23. Oktober 1919.

Wendling, Richard: Friedr. Hölderlin. Vortrag bei Hölderlinfeier des Karlsgymnasiums Stuttgart, 20. März 1920.

Bericht: Stuttgart, Neues Tagblatt, 23. März.

Ziersch: Hölderlin und Hofmannsthal. Vortrag im Barmer Gymnasium. 1920
Bericht: Barmer Zeitung. 10. Juni 1921.

— Hölderlin und Nietzsche. Vorträge zweier Münchener Studenten in
der Aula des Barmer Gymnasiums.
Elberfeld-Barmer-Zeitung. 22. IV. 1921.

———

A r n o l d , F r i e d a : Die Briefe der Diotima. Veröffentlicht von Frieda 1921
Arnold. Herausgegeben von C a r l V i ë t o r , 1921.

S. 7—9: Unbekannte Fassung des Diotima-Reimgedichts. S. 57: Anmerkungen von C. Viëtor. S. 73: Nachwort von Frieda Arnold, zuerst
als Luxusdruck erschienen, 4. Veröffentlichung der Janus-Presse.

Besprechungen: Königsberger Allgemeine Zeitung, 19. VIII. 1921 (G. Bohlmann). Berliner Börsenzeitung, 27. IV. 1921 (E. Everth). Deutsche Zeitung, Berlin, 14. Mai 1921 (W. Scheller). Neue Preußische Kreuz-Zeitung,
2. April 1921, Nr. 151. Bayerische Staatszeitung, 19. VI. 1921 und öfters
(H. Gafgen). Hamburger Echo, 4. VI. 1921. Münchener Neueste Nachrichten, 3. Juni 1921, Nr. 230 (Tim Klein). Deutsche Allgemeine Zeitung,
12. VI. 1921, Nr. 135 und öfters (Paul Kluckhohn). Neue Zürcher Zeitung,
Nr. 730 (E. Korrodi). Chemnitzer Tageblatt, 19. VI. 1921 (H. M.). Ger-
mania, 11. Mai 1921 (F.). Mannheimer Tageblatt, 12. IX. 1921 und öfters
(O. Schabbel). Hamburger Correspondent, 23. Sept. 1921 (C. Müller-
Rastatt). Berliner Tageblatt 1921, Nr. 591 (R. Kayser). Frankfurter
Zeitung 939, 1921. Zeitschrift f. Bücherfreunde XIV, 2. Bbl., S. 78.

Bäumer, Gertrud: Aus dem Geist der deutschen Religiosität. Gedanken
zu Hölderlins Empedokles. Die Hilfe, 5. X., 25. X. und 15. XI. 1921,
Nr. 28, 30 u. 32.

B e t z e n d ö r f e r , W a l t e r : Hölderlins Studienjahre im Tübinger
Stift. Heilbronn 1921.

Zusammenstellung aller äußeren Daten, ohne auf Dichtung einzugehen:
Besonders sorgfältige Anmerkungen am Schluß. Inhalt: I. Das Stift im
XVIII. Jahrhundert und Hölderlins Stellung zu ihm. II. Das Studium und
die Lehrer. III. Freundschaft und Liebe.

Elbertzhagen, Hugo: Hölderlin an das heutige Deutschland. Tägliche
Rundschau, 15. Juni 1921.

Zumeist Abdruck aus Hyperion.

Ginzel, Hermann: Der späte Hölderlin. Saale-Zeitung, Halle, 31. Juli
1921.

Hartmann, Fritz: Hölderlin. Die Unterhaltung. Literarische Beilage
zum Hannoverschen Kurier, Nr. 23, XI, 1921, Mgbl.

HELLINGRATH, NORBERT VON: Hölderlin. Zwei Vorträge. Hölderlin und die Deutschen. Hölderlins Wahnsinn. München 1921.

Mit einem Vorwort Ludwig von Pigenots.

Besprochen: Karlsruher Tageblatt, Literaturbeilage, 15. X. 1921 (von Grolmann). Hamburger Fremdenblatt, 18. XI. 1921 (A. M. W.). Hamburger
Correspondent, 23. IX. 1921 (Müller-Rastatt). Deutsche Rundschau 47,
1921, Heft 12. Neue Züricher Zeitung, 24. Juli 1921 (K.). Wiener Mittags-
zeitung, 11. XI. 1921 (M. Mell). Nationalzeitung, Basel, 4. August 1921.

Leipziger Tageblatt, 6. I. 1922. Literarischer Ratgeber f. d. Katholiken 1921/22. Neues Wiener Journal, 14. Aug. 1921 (H. Bahr). Weser-Zeitung, liter. Beilage. Zeitschrift für Bücherfreunde, Okt. 1921 (Witkowski).

1921 Hengsberger, Käthe: Hölderlins zweiter Homburger Aufenthalt. Ein Beitrag zu seiner Krankheitsgeschichte. Das literarische Echo, 1. Jan. 1921, Sp. 434 ff.

Druckt ärztliches Gutachten des Homburger Dr. Müller vom 9. April 1805 ab, wonach Hölderlins Zustand sehr zerrüttet war. Auch einige Briefstellen Sinclairs an Hegel.

Ilgenstein, Heinrich: Nietzsche und Hölderlin. Der geistige Arbeiter, I, Nr. 1, 1921.

Jaspers, Karl: Strindberg und van Gogh. Versuch einer pathologischen Analyse unter besonderer Berücksichtigung von Hölderlin. Arbeiten zur angewandten Psychiatrie, Bd. V, Bern 1921.

Nicht zugänglich geworden.

Manasse, Rudolf: Hölderlins politische Sendung. Der Zwinger. November 1921, V, 12.

Michel, Wilhelm: Das Hesperien Hölderlins. Frankfurter Zeitung, 21. August 1921.

Michel, Wilhelm: Hölderlins abendländische Wendung. Vortrag im Landestheater Darmstadt, 10. I. 21.

Bericht: Frankfurter Zeitung, 29. I. 1921 (Schiebehuth). Darmstädter Tägl. Anzeiger, 11. I. 1921.

Obenauer, K. J.: Hölderlin und das Leiden. Das Goetheanum, 20. Nov. 1921, I, 14.

Peters: Hölderlin. Die Grenzboten, 80. 1921, S. 45 f.

Hölderlin, ein „Dilettant des Lebens"!!

Pieper, Kurt: Die Religiosität der Spätgedichte Hölderlins. Die Tat, Dezember 1921, XIII, Heft 9, S. 677.

PIGENOT, LUDWIG VON: Hölderlins metaphysischer Grund. Vortrag im Münchener Frauenklub vor der Goethe-Gesellschaft. Bespr.: Münchner Neueste Nachrichten, 28. Januar 1921, Abendblatt: Über Hölderlins Metaphysik.

Riezler, W.: Hölderlin. Vortrag im Stettiner Bildungsbund.

Bericht: Ostsee-Zeitung, 8. März 1921. Pommersche Tagespost, 5. März 1921.

Schabbel, Otto: Diotima. Die Hochwacht, Jhg. XI, 3, 1921.

Schellenberg, Ernst Ludwig: Diotima. Der Türmer, XXIII, 1921, Heft 9.

Seebaß, Friedrich: Der frühe Hölderlin im Urteil der Zeitgenossen. Preußische Jahrbücher, Dezember 1921, S. 348 ff.

Seebaß, Friedrich: Hölderlins Sophokles-Übertragungen in der zeitgenössischen Kritik. Philologus, Bd. 77, 1921, S. 413 ff.

Stauch, Walter: Hölderlin in Frankfurt vor 125 Jahren. Die Volks-   1921
stimme, Frankfurt, 25, II, 1921.

Viëtor, Karl: Die Lyrik Hölderlins 1921. Eine analytische Untersuchung. Deutsche Forschungen, 3.

Besprochen von Herm. Schneider: Schwäb. Merkur, 27. IX. 1921. J. Oswald: Kölnische Volkszeitung, 3. IX. 1921. G. Witkowski: Zeitschrift für
Bücherfreunde 1921, Heft 5, 224.

Zinkernagel, Franz: Hölderlin-Vortrag in der Literarischen Gesellschaft,
Münster, 12. April 21.

Bericht: Westfälischer Merkur, 14. April 1921.

Zobeltitz, Martha von: Hölderlins Verse an Diotima. Hamburger Nachrichten, 5. März 1921.

Zu Hölderlins Jugendgedicht an Franziska v. Hohenberg von G. F.
Bes. Beilage zum Staatsanzeiger für Württemberg, 15. Juni 1921,
Nr. 7, S. 159.

Deutet die Stelle: „Weh über dich, du Menschenfeind", auf Fürbitte um
Befreiung Schubarts.

— Hölderlin und Schiller: Das Programm (Münchener Kammerspiele)
VII, Nr. 5, März 1921.

— Die Alpen in Hölderlins Briefen. München-Augsburger Abendzeitung,
5. Juni 1921.

Hölderlin-Funde im Tübinger Stift. Basler Nachrichten, 1921, August,
Nr. 317. Saarbrücker Zeitung, 1922, Nr. 47 (Ginzel).

Besprechung von Betzendörfer-Haering.

Die Ursachen von Hölderlins Krankheit von E. S. Schwäbischer Merkur,
Sonntagsbeilage, 30. Juli 1921, Nr. 347.

Bei ihm wie bei Tasso handelt es sich um die letzte Konsequenz menschlichen Denkens einer stark ideal veranlagten Natur.

Bechler, Anna: Die Seele Hölderlins. Neues Tagblatt, Stuttgart, März
1922, Nr. 132.

Claverie, Joseph: La jeunesse d'Hoelderlin jusqu'au roman d'Hyperion.
Paris 1921.

Mir nicht zugänglich.

Glaser, Rudolf: Hölderlins Weltanschauung. Literarisches Echo, XXIV,   1922
1. Januar 1922.

Verschwommen und ohne tiefere Kenntnis des Gesamtwerkes.

Korrodi, Eduard: Hölderlin als Tübinger Stifter. Neue Zürcher Zeitung,
Febr. 1922, Nr. 31. [Mir unzugänglich.]

Kunze, Wilhelm: Novalis und Hölderlin. Christentum und Gegenwart.
5. Mai 1922, XIII, S. 73 f.

Lehmann, Emil: Hölderlins Lyrik. Stuttgart 1922.

Gute Analysen namentlich der früheren Periode.

1922 Manasse, Rudolf: Friedrich Hölderlin und die Sprache. Prager Presse,
1922, Januar, Nr. 8.

Michel, Wilhelm: Hölderlin und die französische Rheinpolitik. Frankfurter Zeitung, 4. Febr. 1922, Nr. 93
Anknüpfend an einen Aufsatz Montluys im Echo de Paris.

Michel, Wilhelm: Sophokles-Hölderlin: Oedipus der Tyrann. Bemerkungen zur Textbarbeitung der Darmstadter Uraufführung 26. April
April. Frankfurter Zeitung, 25. April 1922, Nr. 304.

Obenauer, K. J.: Hölderlins Götterwelt. Das Goetheanum. Dornach,
12. Febr. 1922, S. 207 ff., I., Nr. 26.
Deutet von anthroposophischem Gesichtspunkt aus Hölderlins Wahnsinn:
„es fehlt ihm das Wissen um das Dämonische". Unmöglichkeit. Christus
und Naturgötter zu vereinigen. Gefährlich ist grenzenlose Vergöttlichung
der Elemente."

Schroeter, Manfred: Hölderlins Vermächtnis. Münchner Neueste Nachrichten. 1922 Nr. 57.

Seebaß, Friedrich: Hölderlin. Münchner Neueste Nachrichten, 14. März
1922, Nr. 109/110.

S e e b a ß , F r i e d r i c h : Hölderlins Spätdichtungen in der zeitgenössischen Kritik. Zeitschrift für Bücherfreunde, 1922. Heft 4.

S e e b a ß , F r i e d r i c h : Neues von Hölderlin. Wissen und Leben,
Zürich, Juli 1922.
Namentlich auf Grund des unveröffentlichten Lebensabrisses von Chr.
Schwab in Stuttgarter Hölderlin-Papieren.

V i ë t o r , K a r l : Zur Geschichte der ersten Hölderlin-Ausgaben.
Deutsche Rundschau, XLVIII, 7, 1922, S. 57 ff., 8, S. 176 ff.
Gibt Ergänzungen zu Seebaß' Dissertation (s. u. 1919) nach Papieren aus
dem Nachlaß von Bräunlins Neffen.

Witkop, Philipp: Neue Hölderlin-Literatur. Literarisches Echo, 1. Jan. 22.
Bespricht: Hellingrath. Seebaß, Kasack.

Sauer, August und Lehmann, Emil: Hölderlin-Schriften. Euphorion
XXIV, 1922, Heft 1, S. 213 ff.
Besprochen: Neuere Literatur: Mönius, Seebaß, Viëtor.

N a c h t r a g .
Über Nietzsches Verhältnis zu Hölderlin vergleiche man den I. Band
der Biographie seiner Schwester Elisabeth Förster-Nietzsche; dort
auch über Nietzsches frühen Hölderlin Aufsatz. Aus neuerer Zeit das
Kapitel „Hölderlin" in dem 1. Bande des großen Nietzsche-Werkes
von Andler, Charles: Les précourseurs de Nietzsche². Paris 1920.
Kap. III. S. 68 ff.

Hölderlin in Kunst und Dichtung

III.

a) Hölderlin im Bild.   Widmungen.

Pastellbild von Fr. C. Hiemer, danach Zeichnung von Luise Keller, da- 1792
nach Stahlstich, danach Holzschnitt, Nürnberg 1845. Zuerst abgebildet von Rullmann, der Salon 1870. Über Beziehungen zwischen H.
und Hiemer siehe Württemberg. Vierteljahrshefte, XV, S. 572 ff.
Jetzt im Besitz des Marbacher Schiller-Museums. Darüber:

Schwab, Chr. Th.: Beiträge zur Biographie Hölderlins. Westermanns
Monatshefte, September 1871, S. 663.

„Schon öfters bin ich gefragt worden, ob ein Bild von Hölderlin im
Buchhandel zu finden sei. Abgesehen von dem Stahlstich in der Ausgabe von 1843, wo er so dargestellt ist, wie er kurz vor seinem Tode
aussah. Hierauf ist zu antworten, daß in der Ebnerschen Kunsthand-
lung in Stuttgart bald nach des Dichters Tode ein in Nürnberg ver-
fertigter Stahlstich erschienen ist, der ein Bild aus seiner Jugend
wiedergibt. Die Zeichnung, wonach der Stahlstich verfertigt ist, wurde
von einer Stuttgarter Künstlerin und Kunstfreundin, der im Jahre
1850 verstorbenen Fräulein Louise Keller, gemacht; sie gebrauchte dabei ein großes Pastellbild, das Werk eines Jugendfreundes Hölderlins,
Namens Hiemer, der ein Schüler der Karlsakademie war und es im
Jahre 1792 gezeichnet hatte, als Original und benützte auch die Bemerkungen von Hölderlins damals noch lebender Schwester."

Profilzeichnung mit aufgehobener Hand von G. Schreiner; zuerst abge- 1825
bildet von Mörike in der Freya, illustrierte Blätter für die gebildete
Welt, Stuttgart 1863, III. Jhg., S. 337. Goethehaus Frankfurt.

Stahlstich aus der Zeit kurz vor Hölderlins Tod; Meister unbekannt; 1843
zuerst abgebildet als Titelbild zur zweiten Auflage der Gedichte, 1843.

Wachsrelief des alten Hölderlin. Nach dem Leben modelliert von W.
Neubert. Im Besitz des Schiller-Museums Marbach. Zuerst abgebildet bei W. Michel. Friedrich Hölderlin, München, 1912.

Farbige Bleistiftzeichnung des jungen Hölderlin in den Stuttgarter Höl- 1786
derlinpapieren; zuerst abgebildet in Herzog Karl Eugen von Württemberg und seine Zeit, 1909, Bd. II, S. 177.

Silhouetten: 1789 in F. Öffingers Stammbuch, zuerst Schwäb. Schiller-
verein. XII. Rechenschaftsbericht 1908, etwa 1790 in C. F. Hillers
Stammbuch, zuerst Altertumsgesellschaft Prussia, 44. Bericht. Königsberg 1889, etwa 1792 Hölderlin als Magister in Stuttgarter Hölderlin-
papieren, Fasc. V; zuerst Seebaß: Jugendgedicht und Briefe, 1913, etwa
1793: im Stammbüchlein des Studiosus Boisserée, Heidelberg; zuerst
Witkop: Heidelberg und die deutsche Dichtung, 1916, S. 81. Tony
Keller: Das Schwabenland, 1921, S. 121.

Fitger, Arthur: Illustration zu Hölderlins Gedicht Achill, in Hermann 1909
Fischer: Sieben Schwaben, 1879, S. 63.

Seckendorff, Götz, Freiherr von, † 24 Jahre alt bei Cambrai als Schwerer Dragoner; hat Aquarelle und Zeichnungen zu Hölderlin gemacht. S. Schlesische Zeitung, Breslau, 18. Mai 18.

Bauer, Karl: Bild von Hölderlin. Xenien. 1909, Heft 7.

Feigerl, E., München: Zwei Dekorationsskizzen zu Hölderlins Empedokles. Bühne und Welt, XII, 1909/10, S. 1043.

Reifferscheid, Heinrich: An Hölderlin. Radierte Widmung, 1916.

Klinger, Max: Hyperions Schicksalslied. Radierung aus Brahmszyklus.

Schulz, Wilhelm: Zeichnung zu „Rückkehr in die Heimat". Simplizissimus, 17. März 1920.

b) Hölderlin in Drama, Roman, Novelle.*)

Kerner, Justinus: Die Reiseschatten. Heidelberg 1811.

Hölderlin ist der wahnsinnige Dichter Holder.

Waiblinger, Wilhelm: Phaëton. Roman. Stuttgart 1824.

Phaeton ist dem wahnsinnigen Hölderlin nachgebildet. In seinem ungedruckten Roman Lord Lilly soll H. in den grellsten Farben geschildert sein.

B[iersa]ck, K[arl]: Hyperions Erwachen. Gutzkows Telegraph für Deutschland, Okt. 1841, S. 651 ff.

Novellistische Skizze über Geisteserkrankung Hölderlins und sein Erwachen zum Bewußtsein, d. h. zum Tode. Über den Verfasser s. Gutzkow ib. Dez. 1884, Nr. 194.

Jeitteles, Isaak [= Julius Seidlitz]: Hölderlin, ein Roman.

Erwähnt in einem Brief A. Meißners an M. Hartmann vom 1. Juli 1843, siehe O. Wittner: Briefe aus dem Vormärz 1911, S. 223, mir nicht bekannt geworden, auch bei Wurzbach nicht erwähnt.

Wehl, Feodor: Hölderlins Liebe. Dramatisches Gedicht in einem Akt. Zuerst gedruckt als Bühnenmanuskript, Berlin o. J.

Veröffentlicht 1852; dargestellt am 26. Juli 1850 auf dem Hoftheater in Dresden. Wiederabgedruckt: Gesammelte dramatische Werke, Leipzig o. J., S. 75 ff. Abgelehnt von R. Prutz: Deutsches Museum 1852, 1, S. 867.

Foglar, Ludwig: Die Märtyrer der Phantasie. Eine Novelle. Westermanns Illustrierte Monatshefte, III, 1858, S. 577 ff.

Schildert eingangs in frischen Farben ein Zusammentreffen der schwäbischen Dichter bei Hölderlin in Nürtingen und behandelt dann sein Schicksal in Frankfurt und Bordeaux frei novellistisch.

Scherr, Johannes: Michel. Geschichte eines Deutschen unserer Zeit. 1858, I, S. 209 ff. Schilderung des greisen umnachteten Hölderlin.

Rau, Heribert: Hölderlin. Kulturhistor. Roman. 2 Bände, Leipzig 1862.

Dagegen M. Belli-Gontard: Kurze Berichtigung einiger Irrtümer in H. Raus Roman Hölderlin. Frankfurter Didascalia 1862, Nr. 127. Darauf Rau erwidert ib. Nr. 129. Pater peccavi. Abgelehnt wird der Roman: Unterhaltungen am häuslichen Herd, 1862, S. 595 f. [Gutzkow?]. Blätter für literarische Unterhaltung, 23. X. 1862.

*) Gesonderte, ausführliche Darstellung vorbehalten.

Ring, Max: Hölderlin. Lorbeer und Cypresse. Literaturbilder. Berlin 1869.

Novellistische Behandlung seines Lebens.

Wellmer, Arnold: Zertrümmert. Licht- und Schattenbilder aus einem Dichterleben. [Hölderlin.] Über Land und Meer, 1870, Nr. 26, S. 447 ff.

Schildert novellistisch Eintritt ins Stift und Studentenzeit, am Schluß Besuch bei dem Wahnsinnigen.

Müller-Rastatt, Karl: In die Nacht. Ein Dichterleben. Leipzig/Florenz 1898

Roman, gelobt von R. Krauß: Neues Tagblatt, Suttgart, 8. XI. 1898; abgelehnt von O. Walzel: Deutsche Literatur-Zeitung, Nr. 32, XX, 1899, K. Aram: Magazin für Literatur, 31. XII. 1898.

Bock, Alfred: Hölderlins Briefe. Erzählung. Neues Tagblatt, Stuttgart, 15. März 1910.

H. spielt nur indirekt eine Rolle.

Eulenberg, Herbert: Hölderlin. Der Tag. Berlin, 3. Juli 1910, Nr. 153.

Wiederabgedruckt: Die Rampe. Theaterjahrbuch I, S. 51 ff. Das Deutsche Angesicht, 1916, S. 20 ff. und öfters; recht fade Skizze.

— Der erste Schritt in den tiefen Schatten. Neues Tagblatt, Stuttgart, 5. Juni 1913. Unterhaltungsbeilage.

Erzählung von H's letztem Aufenthalt bei der Mutter.

Hesse, Hermann: Im Presselschen Gartenhause. Eine Zeichnung aus dem alten Tübingen. Westermanns Monatshefte, 116. Bd., Juli 1914, S. 673 ff.

Lebendige Schilderung des Zusammenseins der Dichterfreunde Mörike und Waiblinger mit H. auf dem Österberg.

Klabund [A Henschke]: Hölderlin. Die Schaubühne, 11, XI, 1915, S. 445 ff.

Wiederabgedruckt: Der Marketenderwagen, Berlin 1916, S. 125 f. Schwache Skizze über wahnsinnigen H.

Walser, Robert: Hölderlin. Vossische Zeitung, 24. IX. 1915, Nr. 488.

Wiederabgedruckt: Poetenleben, Frauenfeld und Leipzig 1917. Dagegen W. Scheller: Deutsche Zeitung, 29. I. 1917. Erstaunlich verständnislose Skizze über Verhältnis zu Diotima.

Eidlitz, Walter: Hölderlin. Szenen aus einem Schicksal. Berlin 1917.

Dies jämmerliche Machwerk wurde oft besprochen und leider auch an mehreren Bühnen aufgeführt. Hier nur weniges: Kölner Tageblatt, 20. VIII. 1918 (P. B.). Deutsche Zeitung, 2. VII. 1918 (Bethge). Frankfurter Nachrichten, 3. VII. 1918.

Ernst, Paul: Hölderlin. Norddeutsche Allgemeine Zeitung, 23. Mai 1920.

Skizze ohne ihn selbst zum Gegenstand zu haben.

Neuberger, Eugen: Hölderlin. Schauspiel in 5 Akten und einem Nachspiel. München 1920.

Als unmöglich abgelehnt in Hölderlinfeier des Eichendorff-Bundes, März 1920, München, vgl. Seebaß: Augsburger Abendzeitung, 24. III. 1920.

Teßmer, Hans: Hyperion u. Diotima. Eine Skizze. Die Post, 9. Juni 1920.

Hendel, W.: Hölderlin. Rhein- u. Ruhr-Zeitung, 5. Juni 1921.
Skizze von Erkrankung Hölderlins.

Wille, Bruno: Hölderlin und seine heimliche Maid. Roman. Dresden 1922.
Titulus sapienti sat, desgl. die Auszüge in Tageszeitungen.

c) Gedichte an und auf Hölderlin.*)

Magenau, Rudolf: Valet an Hölderlin, als er nach Sachsen abreiste (1793). Gedichte 1795.
Mit Anmerkung: „Von diesem meinem edlen Freunde hat sich das Vaterland vieles zu versprechen. Ich kann mir die Freude oder vielmehr den stolz nicht versagen, ihn hier öffentlich meinen Busenfreund zu nennen."

Müller, geb. Maisch, Wilhelmine: Epistel an Hölderlin. Gedichte. Karlsruhe 1800, S. 231 ff.
Wiederabgedruckt von A. Holder: Vierteljahrshefte des Zabergäu-Vereines 1906, II, S. 30 ff.

Hegel, Georg Wilh. Friedr.: Eleusis. An Hölderlin. August 1796. Zuerst gedruckt von K. Rosenkranz: Aus Hegels Leben. In Prutz: Literarhistorisches Taschenbuch, I, 1843, S. 99 ff.
Danach öfters. Handschrift auf der Tübinger Univers.-Bibliothek.

Neuffer, Christian Ludwig: Das Gewitter; an Hölderlin. [1797 nach dem Inhaltsverzeichnis]. Gedichte. Stuttgart 1805, S. 75 ff.
Wiederabgedruckt: Auserlesene lyrische Gedichte 1816, Tübingen, ohne Widmung an Hölderlin; umgearbeitet und wieder mit Widmung: Zeitung für die elegante Welt, 28. August 1828.

Lohbauer, Carl v.: An Hyperion. Auserlesene Schriften, I, 1811, Stuttgart, S. 207 ff.
Vgl. R. Krauß: Schwäb. Literatur-Geschichte II, S. 172.

Crisalin, [Isaak von Sinclair]: An Hölderlin. Glauben und Poesie. Ein Taschenbuch auf das Jahr 1806, von Lucian. 1806, S. 603 ff. Hymne.

Waiblinger, Wilhelm: An Hölderlin. Müllners Mitternachtsblatt. 2. Aug. 1826, S. 336 ff.
Hymne mit längerer Anmerkung über Begegnung mit dem Dichter.

Hölderlin und Heinse: Epigramm: Kleine Schwärmer über die neueste deutsche Literatur, eine Xeniengabe für 1827. S. 26.

Püttmann, Heinrich: Hölderlin.
1836. Druck mir nur aus Angabe in R. Wirths Vorarbeiten s. S. 2 bekannt.

Herwegh, G.: Sonett: Hölderlin. Gedichte eines Lebendigen. Zürich 1841, S. 178.
Vgl. auch: Den schwäbischen Freunden 1870. Neue Gedichte 1870, S. 205.

*) Anmerkung: Die Veröffentlichung der vollständigen Sammlung dieser Gedichte steht bevor.

Geibel, Emmanuel: Zeitstimmen 1841. Epigramm auf Hölderlin.
Vgl. C. Litzmann: E. Geibel, S. 248. F. Stichternath 1911, S. 35 f.

Opitz, Theodor: Hölderlin. Wigands Vierteljahrsschrift, 1844, Bd. II, S. 318 ff.

Hartmann, Moritz: Gestalten der Einsamkeit [Hölderlin und Tegnér]. Ost und West, Wien, 27. VIII. 1841.
Wiederabgedruckt: Kelch und Schwert, 1845, S. 256 ff., siehe A. Meißners Brief an Hartmann, Mai 1841, bei O. Wittner: Briefe aus dem Vormärz 1911, S. 133.

Meißner, Alfred: Verwilderung [poetische Erzählung von Hölderlins Rückkehr aus Frankreich]. Ost und West, Wien, 4. IV. 1843. Wiederabgedruckt: Gedichte, 2. Auflage, 1846, S. 177 ff.
In späteren Auflagen Hölderlin überschrieben.

Minckwitz, Johannes: Auf Hölderlins Tod. Gedichte. 1854, S. 300 ff.

Wagner, Heinrich: An Hölderlin [Sonett]. Rittersporn und Schwertlilie. 1849, S. 179.

Foglar, Ludwig: Ebene Wege [An Hölderlin]. Westermanns illustrierte deutsche Monatshefte, März 1852, Nr. 18.
Im Rahmen der oben S. 82 angeführten Novelle.

Fischer, Johann Georg: Der verhängnisvolle Tanz. Gedichte. 1854, S. 156 ff.
Ballade auf die Revolutionsfeier Hegels und Hölderlins während der Stiftszeit. Die Erwähnung von dem umtanzten Freiheitsbaum nach einer Überlieferung des Tübinger Stiftes zuerst mitgeteilt: Zeitschrift für die elegante Welt, 21. Februar 1839.

Pfau, Ludwig, Hölderlin [Sonett]. Gedichte. 2. Auflage, 1858, S. 309.
In späteren Auflagen mit einigen Änderungen.

Seubert, Adolf: Friedrich Hölderlin [Sonett]. Die Sterne Schwabens; eine Festgabe für Jung und Alt in Schwaben. 1856, S. 244.

Schack, Adolf Friedrich, Graf von: Drei Dichter [Kleist, Lenau, Hölderlin]. Gedichte. 1862, S. 50 f.

Notter, Friedrich: Hölderlin. Gott und Seele. 1885.

Fischer, Joh. Georg: Hölderlin. Anläßlich der Feier in Lauffen am 20. März 1870.
Nach Herm. Fischers: Beiträge zur Literaturgeschichte Schwabens, II. S. 18; mir nicht bekannt geworden. Vielleicht das im LXXIV. Auktionskatalog von Henrici S. 41, Nr. 317, angeführte Gedicht.

Stadelmann, Heinrich: Friedrich Hölderlin. Blätter für das bayerische Gymnasialschulwesen, 1871, VII, Nr. 4, S. 105 f.

Lingg, Hermann: Zur 100. Geburtstagsfeier Friedrich Hölderlins. Allgemeine Zeitung, Beilage Nr. 90, 31. März 1870.

Freiligrath, Ferdinand: Zu Hölderlins 100. Geburtstage. Vorgetragen
bei der Feier in des Dichters Geburtshause. Allgemeine Zeitung, Beilage Nr. 79, 20. März 1871.

Danach öfter in Zeitungen, dann in Gesammelten Werken.

Greif, Martin: Prolog zu Hölderlins 100. Geburtstagfeier. Gesammelte
Werke [2], Band II, 1909, S. 125 ff.

Bürger, Eduard: Friedrich Hölderlin. Heilbronner Unterhaltungsblatt,
21. Mai 1873, S. 242.

Anläßlich der Enthüllung der Gedenktafel am 1. Mai 1873 am Geburtshause.

Jäger, Georg: Friedrich Hölderlin. Ausgabe von Hölderlins Gedichten.
Reclam, Nr. 510.

Heyse, Paul: Friedrich Hölderlin [Sonett]. Zwölf Dichterprofile.
Deutsche Rundschau, X, 1877, S. 298.

Vgl. auch seinen Brief an G. Keller, 27. XI. 78.

Leuthold, Heinrich: Ritornell auf Hölderlin. Zitiert Tübinger Chronik
3. Juli 1881, S. 684.

Erster Druck mir unbekannt; jetzt bei G. Bohnenblust: Leutholds Gesammelte Dichtungen, 1914, I, S. 279.

Schlierbach [Seidel], Max: Platen und Hölderlin. Neue Gedichte. 1880,
S. 153.

Hamerling, Robert: Verse am Hölderlin-Denkmal in Tübingen; abgedruckt Schwäbische Kronik, 2 Juli 1881, S. 1214.

Später in Gedichtsammlungen Hamerlings. S. auch Stationen meiner
Lebenspilgerschaft. Prosaskizzen N.F. II, S. 185.

Diez: Hölderlin. Gedicht. Tübinger Chronik, 2. Juli 1881, Nr. 151.

Anläßlich der Tübinger Denkmalsenthüllung.

Paulus, Eduard: Hölderlin. Sonett. Gesammelte Dichtungen. 1892.

Fischer, Joh. Georg: Hölderlins Liebe. Auf dem Heimweg. Stuttgart 1891.

Mell, Max: Susette Gontard, den Hyperion lesend. Gedicht. Wiener
Abendpost, 17. Juni 1903. Wieder abgedruckt: „Das bekränzte Jahr",
1917, S 61.

Michel, Wilhelm: Hymne auf Hölderlin. Der Zuschauer. 1907, S. 58 f.

Zerzer, Julius: An Hölderlin. Ode. Die Jugend, 1912, Nr. 25, S. 712.

[George, Stefan:] Hölderlin. Zwei Gedichte. Blätter für die Kunst,
X. Folge, 1914, S. 134 ff.

[Böhringer?]: Hyperion. Drei Gedichte auf Hölderlin. Blätter für die
Kunst, X. Folge, 1914, S. 4 ff.

Hirt, Karl Emmerich: Verse über Hölderlin. Der Heereszug Gottes.[2]
1915, S. 43.

Michel, Wilhelm: Hölderlin. Die Bücherei Maiandros. 1. Mai 1913,
IV./V, S. 42.

Hesse, Hermann: Ode an Hölderlin: Der Greif, Cotta, Januar 1914, S. 309.

Dann öfters gedruckt z. B. Musik des Einsamen, 1915, S. 50 f.

Schmid-Noerr, F. A.: Hölderlin. Sonett. Bernus, Das Reich, I, 1916, 3, S. 412.

Tränckner, Christian: Hölderlin. Die Hilfe. 28. Dezember 1916.

Braun, Felix: Friedrich Hölderlins Schatten an des Matthias Claudius' unsterbliche Seele. Inselalmanach auf das Jahr 1917, S. 155 f.

Ouckh, Jesa de: Hölderlin. Das Reich, I, 1917, Heft 4, S. 562.

Rauscher, Ulrich: Hölderlin. März, 22. Dezember 1917, XI, 51, S. 1129 f.

Zimmer, Fritz Alfred: Friedrich Hölderlin. Zum Gedächtnis seines 75. Todestages. Velhagen u. Klasings Monatshefte, Juni 1918.

Oft nachgedruckt.

Franck, Hans: Hölderlin. Sonett. Siderische Sonette [?] 1920.

Rheiner, Walter: An Hölderlin. Die Flöte. Gedicht. Monatsschrift für neue Dichtung, II. Jahrg. 1920, Heft 11, S. 180.

Fischer-Lauffen, Wilhelm: Zu Friedrich Hölderlins 150. Geburtstag. Gedicht. Süddeutsche Zeitung, 20. März 1920, Beilage.

Vegesack, Siegfried von: Hölderlin. Sonett. Die Schaubühne. 25. März 1920.

Reisiger, Hans: Phantasie an Hölderlin. Gedicht. Die Jugend. März 1920, Nr. 12.

Ostertag, Otto: Dank Dir „himmlischer Fremdling!" Hölderlin-Gedicht. Der Schwäbische Bund, Märzheft 1920, S. 613.

Fischer, Otto: Frühlingssturm. Hölderlin-Gedicht. Der Schwäbische Bund, Märzheft 1920, S. 607.

Michel, Wilhelm: Hölderlin. Gedicht. Berliner Romantik, Januar 1920, S. 7.

Vaihinger, Hans: Prolog zu Hölderlins „Tod des Empedokles". Gedichtet zur Generalversammlung der Kantgesellschaft, Pfingsten, Halle 1920. Abgedruckt: Norddeutsche Allgemeine Zeitung, 3. Juni 1920.

Silbergleit, Arthur: Hölderlin. Stimmen [rhythmische Prosa]. Königsberger-Hartungsche Zeitung, 1. Januar 1921.

Siemers, Kurt: An den jungen Hölderlin. [Terzinen] Berliner Lokal-Anzeiger, 21. August 1921.

Viertel, Berthold: Aus einem Briefe. Die Bahn. Hellerau 1921, S. 109.

d) Hölderlin in der Musik.

Husen, L. von: Chr. Fr. Hölderlin und die Musik. Neue Musikzeitung, XIV, 152, 164.

Kauffmann, Emil: Hölderlin: An eine Rose. Sonnenuntergang.

Brahms, Johannes: Das Schicksalslied von Hölderlin. Für Chor und Orchester, op. 54.

Reger, Max: An die Hoffnung. Für Altsolo und Orchester, op. 124 (1912).

Rentsch, Arno: 4 Hymnen Hölderlins für Sologesang und Klavier. op. 1. Univ. Edition. 1. Abendphantasie. 2. Sonnenuntergang. 3. Abbitte. 4. An die Parzen.

Wetz, Richard: Hyperion von Friedrich Hölderlin. op. 32. Chorwerk für Bariton, Chor und Orchester.

Brun, Friz: Lebensgenuß von Hölderlin. Aufgeführt Oktober 1917 in Wien.

Braunfels, Walter: Zwei Hölderlin-Gesänge für Bariton und Orchester. op. 27. An die Parzen. Der Tod fürs Vaterland.

Strauß, Richard: Drei Hymnen an Hölderlin, für eine hohe Singstimme und oroßes Orchester. op. 71. 1. Hymne an die Liebe. 2. Rückkehr in die Heimat. 3. Die Liebe. Uraufführung: 4. Nov. 1921 (Philharmonie Berlin).

Zilcher, Hermann: „Hölderlin". Liederzyklus für Tenor und Orchester. op. 28. Darunter: An die jungen Dichter. Der gute Glaube. Die Heimat. Das Angenehme dieser Welt.

Siehe Hans Oppenheim: H. Zilcher 1921, S. 71 ff. Gelegentlichen Zeitungsnotizen entnehme ich, daß auch die Komponisten von Glenck und August Thurneysen Werke Hölderlins komponierten, die anscheinend nicht gedruckt sind.

ANHANG

a) Denkmäler. Erinnerungsstätten.

Klaiber, Julius: Bericht der Deutschen Zeitung in Wien über die Enthüllung des Hölderlin-Denkmals (zu Lauffen am 1. Mai 1873). Heilbronner Unterhaltungsblatt, 21. Mai 1873, belletr. Beilage zur Neckar-Zeitung.

Vgl. auch Über Land und Meer, XXX, 1873, S. 725.

Am 1. Mai 1873 wurde in Lauffen am Geburtshause ein Medaillonbild von Bildhauer Rau in Stuttgart enthüllt und Oberbaurat von Leins. Schilderung der Denkmalsenthüllung im Beisein von Friedrich Vischer, Victor Scheffel usw. Mitteilung eines Gedichtes auf H. vom Stadtpfarrer Bürger. Vischer schildert ihn als „Werther Griechenlands". Er selbst ist zugrunde gegangen an dem Widerstreit seines Ideals und der Wirklichkeit.

Andresen, Emmerich: Tübinger Chronik, 15. April 1880, Nr. 87.

Über Plan und Stiftung seitens des Künstlers und Ort der Aufstellung, abgebildet in der Ausgabe von Köstlin, enthüllt am 1. Juli 1881.

Das Hölderlin Denkmal. Tübinger Chronik 1881, 14. Juni 1881. 15. Juni 1881.

Über Emmerich Andresen's Denkmal „Genius des Ruhmes" mit Beschreibung. Einweihung am 30. Juni 1881. Reden veröffentlicht: Schwäb. Kronik, 2.—5. Juli; Tübinger Chronik, 2./3. Juli; Beilage des Staatsanzeigers, 5. August.

— Über das Tübinger Hölderlin-Denkmal von E. Andresen. Allgemeine Zeitung, 10, VI. 1881, Nr. 16 u. 4. VII. 1881. Illustrierte Zeitung, 10. IX. 1881, Nr. 1993.

— Das Hölderlin-Denkmal in Homburg v. d. H. Über Land und Meer, Bd 51, Nr. 21. 1884, S. 418.

Abbildung S. 421. Beschluß der Denkmalserrichtung 20. März 1870. Enthüllung 28. Juli 1883. Nach Entwurf des Baumeisters Jacobi ausgeführt von Bildhauer May. Gymnasiallehrer J. Fröling sprach vor der Einweihung über Hölderlin in Homburg, danach J. G. Fischer.

-- Hölderlins Geburtshaus in Lauffen am Neckar. Münchner Neueste Nachrichten, 3. IX. 1891, Nr. 399.

Das Hölderlin-Denkmal [in Tübingen]. Tübinger Blätter, II. Jhg., 1899, S. 25. Mit Abbildung.

Das Hölderlin-Denkmal in Homburg v. d. H. Der Bär (Wochenschrift f. Heimatsgeschichte). Berlin 1904, Nr. 22.

Hölderlin-Denkmal in Rathenow, enthüllt 1912. Abgebildet im Schwäbischen Bilderblatt, 2. VIII. 1912.

Lange, Konrad: Der Hölderlin-Turm in Tübingen. Württemb. Zeitg. 1915, Nr. 150.

Eine Notiz im literarischen Echo, XII, 1915, Sp. 1344 f., ist dazu zu vergleichen.

— Das Hölderlin-Haus in Lauffen. Schwäbische Kronik, 7. Aug. 1919, Nr. 358

Wendet sich gegen Abbruch, dagegen.

— Stuttgarter Neues Tagblatt, 14. August 1919, Nr. 407.

verteidigt Abbruch.

Esselborn, Karl: Das Hölderlin-Haus in Lauffen. Darmstädter täglicher Anzeiger, 20. August 1919.

Beklagt Abbruch des Geburtshauses, der trotz des Einspruchs des Württ. Landausschusses für Natur- und Heimatschutz geschehen.

Baum, Hans: Das Hölderlin-Denkmal in Lauffen a. N. Beilage z. Neckar-Zeitung (Heilbronner Unterhaltungsblatt), 27. März 1920, Nr. 6.

Nach Niederreißung des Geburtshauses wurde Gedenktafel des Generals von Saeger an Steinlaube angebracht.

Fischer- Lauffen: Das Geburtshaus Hölderlins. Neckar-Glocke, 20. März 1920.

Das alte Klostergebäude, jetzt niedergerissen, stammt vermutlich aus dem Jahre 1675; Wohnung des Klosterhofmeisters; von 1807—1870 Hof-kameralamt; dann General von Seeger u. a. Hölderlin-Gedenktafel am 1. Mai 1873.

— Das Hölderlin-Haus in Lauffen abgerissen. Hamburger Nachrichten, 9. August 1919.

Mitteilung des Schwäb. Bundes für Heimatschutz.

— Eine Hölderlin-Reliquie von F. A. Frankfurter Zeitung, 11. Aug. 1921, II. Morgenblatt.

Über Erhaltung des Geburtshauses vgl. das. 15. August mit Vermerk im Totenbuch, 10. Juni 43. Hölderle Studios.

— Über das Hölderlin-Haus in Tübingen. Frankfurter Zeitung, 18. Aug. 1921.

Zuschrift des Tübinger Kunst- und Altertumsvereins.

— Das Hölderlin-Haus in Tübngen. Deutsche Allgemeine Zeitung, 13. X. 1921.

Berichtet vom Arbeitsausschuß zur Erhaltung, siehe auch Tägliche Rund-schau, 7. Okt. 1921 (W. P.).

Rimmele, F.: Vom Hölderlin-Haus in Lauffen. Die Denkmalspflege, Berlin, 23. III. 1921, mit vielen Aufnahmen vom alten und jetzigen Hause, Klosterruinen, Gedenktafel.

b) Übertragungen in fremde Sprachen.

Carducci Giosue: Übersetzung [teilweis] von „Griechenland an Stäudlin" ins Italienische. Cronaca Bizantina. Roma 16, IX, 1883, siehe Opere. Bologna 1899[2], Bd. XVI, S. 330 f.

Vgl. M. Azzolini: Sprache und Dichtung, III. 1910, S. 36. Chiarini: Memo-rie della vita di G. C., 1907[2], S. 171.

Martegiani, Gina: F. Hölderlin. Iperione, frammenti tradotti. Lanciano 1911. cultura dell' anima. Nr. 16.

Parpaglio Luigi: übersetzt Hyperion. Iperione. Biblioteca universale, Nr. 166, Milano 1886. Darin das Schicksalslied von G. Mantica.

Poestion, J. C.: Hölderlinsche Oden im Isländischen. Isländische Dichter der Neuzeit, 1897, S. 446, 448. Übersetzt Steingrimur Thorsteinsson.

Fischer, Ottokar: Übersetzt Oden ins Tschechische. Z Goethova odkazu. Prag 1916.

Künstler, R.: Übersetzung von „Der Tod fürs Vaterland" ins Lateinische. Programm des Elisabeth-Gymnasiums, Breslau 1869.

c) Aufführungen.

Uraufführung von Hölderlin-Sophocles: Oedipus, der Tyrann, durch Wilhelm Michel am Hoftheater zu Darmstadt, 26. April 1922.

Hölderlin-Antigone, aufgeführt am 26. Juni 18 im Stadttheater Zürich unter Oberregisseur Danegger.

Bespr. T. Neue Zürcher Zeitung. 28. Juli 18.

Hölderlin: Der Tod des Empedokles. Für eine festliche Aufführung bearbeitet und eingerichtet von W. v. Scholz Lpz. Inselverlag (1910), mit Nachwort, S. 84—94.

„Dies griechisch romantisch gedichtete Dionysosspiel kann für uns nie ein gewöhnlich alltägliches Theaterstück werden, sondern nur in besonderen festlichen Aufführungen aufleben." Bühnenbearbeitung faßt aus Parallelszenen die dramatisch wirksamen Momente in eine Szene zusammen, ordnet Bruchstücke ziemlch frei und willkürlich, Einschiebung früher ausgeführter Auftritte, sarke Kürzungen, Bearbeitung nicht philol. wissenschaftlich sondern künstlerisch. Hauptsächlich wird der Tod des E. benutzt. Besprochen: Die Schaubühne, 4. Juli 1912, S. 17 (H. Ihering). Pester Lloyd. Münchener Neueste Nachrichten. Das literarische Echo. Kölnische Volkszeitung.

Empedokles-Uraufführung im Großen Hause des Kgl. Hoftheaters. Stuttgart, am 4. XII. 1916, in W. von Scholz'-Bearbeitung mit Egm. Richter in Titelrolle.

Besprechungen der Uraufführung von Hölderlins Empedokles: Literarisches Echo, 15. Januar 1917. R. Krauß. Hamburgischer Korrespondent, 8. Dezember 1916, H. Missenharter. Dresdener Neueste Nachrichten, 7. Dezember 1916, H. Missenharter. Hamburger Nachrichten, 7. Dezember 1916, K. Grunsky. Vossische Zeitung, 7. Dezember 1916, K. Grunsky. Münchener Zeitung, 7. Dezember 1916, H. Braun. Münchner Neueste Nachrichten, 8. Dezember 1916, W. Widmann. Hamburger Fremdenblatt, 8. Dezember 1916, W. Widmann. Leipziger Tageblatt, 8. Dezember 1916, W. Widmann. München-Augsburger Abendzeitung, 8. Dezember 1916, H. M. Fränkischer Kurier, Nürnberg, 8. Dezember 1916, H. M. Süddeutsche Zeitung, 8. Dezember 1916, F. Schwäbischer Merkur/Kronik, 5. Dezember 1916, Morgenblatt E. M. Neues Tagblatt, Stuttgart, 5. Dezember 1916. Staatsanzeiger, Stuttgart, 9. Dezember 1916, 2. Beilage. Heidelberger Tagblatt, 7. Dezember 1916, R. K. Goldschmit. Magdeburgische

Zeitung, 8. Dezember 1916, W. Weimarische Landeszeitung, 10. Dezember 1916, W. Braunschweigische Landeszeitung. Berliner Zeitung am Mittag, 7. Dezember 1916, R. K. G. Berliner Tageblatt, 8. Dezember 1916, Fritz Droop. Württemberger Zeitung, 5. Dezember 1916, H. M. Der Beobachter (Stuttgart), 5. Dezember 1916, K. Sch. Der unsichtbare Tempel, II., Januarheft 1917, S. 33 ff. (wohl Trummler). Der Falke, I., 1917, S. 5/6, Fritz Droop. Schwäbische Tagwacht, Unterhaltungsbeil. Nr. 285 zum 5. XII. 1916 (E. H.).

Empedokles-Aufführung (Vorlesung) im Dresdner Residenztheater 27. II. 18, in neuer Bearbeitung von Dr. Rudolf Glaser mit Paul Wiecke als Empedokles.

Besprechungen: Dresdner Nachrichten, 28. II. 18 (—dt.). Chemnitzer Tageblatt, 3. III. 18 (G. J.).

Empedokles in der Bearbeitung von Rudolf Glaser. Vortrag im Vereinshaus Dresden, 2. März 1919 mit Paul Wiecke, Vorspruch von Georg Irrgang.

Bericht: Dresdner Volkszeitung, 5. März (Mg.).

Hölderlins Empedokles. Bearbeitet von Dr. Rudolf Glaser, wird am sächsischen Bußtag, 27. Februar, im Dresdener Residenztheater mit verteilten Rollen vorgelesen werden. Die Titelrolle hat Paul Wiecke übernommen.

Berliner Tageblatt, 8. Januar 1918.

Empedokles-Aufführung April 1921 im Danziger Stadttheater (mit Ferdinand Neuert in der Titelrolle).

Besprochen: W. Omankowski: Ostdeutsche Monatshefte, Sept. 1921. Danziger Zeitung, 12. April 1921.

Empedokles in der Bearbeitung von Wolfgang Liepe im Halleschen Stadttheater, 5. Dezember 1919, mit Josef Krohé.

Siehe Amtlicher Theateranzeiger, Halle (Liepe), Hallesche Zeitung, 6. Dezember 1919. Volksblatt, Halle, 6. XII. 1919.

Empedokles in der Scholzschen Bearbeitung. Münchener Prinzregententheater, 25. März 1920, mit Kunath. Zur Aufführung: Eßwein. Dagegen: P. F., Bayerischer Kurier, 13. April 1920.

Besprechungen: Münchener Zeitung, 26. März (Braun). München-Augsburger Abendzeitung (Seebaß). Münchener Neueste Nachrichten (Elchinger). Bayerische Staaszeitung, 27. März (A. M. K.). Augsburger Postzeitung, 1. April (—z). Tägliche Rundschau, Beilage, 13. IV. (Conrad). Bayerischer Kurier, 26. März (P. F.). Hamburger Fremdenblatt, 8. April (J. Sch.). Allgemeine Rundschau München, 3. April. Berliner Zeitung am Mittag, 27. April (U. O.).

Empedokles in der Scholzschen Bearbeitung. Deutsches Nationaltheater Weimar, 27. März, mit Karl Schreiner.

Besprochen: Weimarische Landeszeitung, 28. März (L. Schrickel). Jenaische Zeitung, 30. März (M. R.). Tägliche Rundschau, 31. März.

Empedokles in der Scholzschen Bearbeitung. Frankfurter Schauspielhaus, 25. März 1920, mit Karl Ebert.

Besprochen: Frankfurter Zeitung. 27. März (Diebold). Frankfurter Frankfurter Mittagblatt. 27. März (Geisenberger). Frankfurter Nachrichten. 26. März, mit Berichtigung 1. April. Magdeburger Zeitung. 30. März (—en.).

Empedokles in Scholz-Bearbeitung. Württembergisches Landestheater, 19. März, mit Egmont Richter.

Dazu Stuttgarter Neues Tagblatt. 12. März. 21. März (W. G.). Schwäb. Merkur. 20. März. Süddeutsche Zeitung. 24. März (F. Sch.). Neckar-Zeitung. 27. März (Berberich).

PERSONEN-VERZEICHNIS

VERZEICHNIS
einzelner Hölderlin-Werke